セラピストのための バウンダリーの教科書

〝あの人〟との境界線の引き方

山本美穂子

Mihoko Yamamoto

BAB JAPAN

はじめに

あなたは、公私共に「NO」と言えていますか？

私たちは仕事でもプライベートでも、日々さまざまな人に出会い、触れ合い、関係性を築き、他者との関係性の中で生きています。けれども、一緒にいて楽しく感じる人がいる一方で、「この人といると疲れる」とか、「何だかいつもイライラする」、あるいは「すごく楽しかったけれど、エネルギーを奪われたような気がする」などと感じた経験はありませんか？

また、「嫌だ」と言いたかったのになぜか言えずに困ったり、必要以上に世話をしてしまい、後になって「これで良かったのかしら？」と悩んだり…。

この本のテーマである〝バウンダリー〟とは、他者と自分の〝境界線〟を表す言葉です。右に挙げたすべてのシチュエーションには、このバウンダリーが関係しています。なぜなら、バウンダリーの概念は〝自分 対 自分以外〟というすべての関係性に作用するからです。

バウンダリーにはたくさんの種類があります。代表的なものとして、肉体的（物理的）バウンダリー、感情的バウンダリー、精神思考的バウンダリー、エネルギー的バウンダリー、霊的バウンダリー、性的バウンダリー、社会的バウンダリー、役割的バウンダリー、時間的（タイム）バウンダリー、空間的（スペース）バウンダリー、社会・環境的バウンダリー、金銭的（マネー）バウンダリーなどが挙げられます。

「NO」と相手に伝えることができない理由には、〝愛を失う恐れ〟と〝相手の怒りを引き出す恐れ〟があります。また、誰かと一緒にいてひどく疲れる時は、その人との関係性の中で境界線が曖昧になっていて、バウンダリーを超えて相手に入り込み過ぎていたり、あるいは相手から入られ過ぎていたりということが起こっています。言い換えると、その時に自分が本当はどう感じているかが分からず、相手に無理に合わせていたり、または「仕事だから」などと自分に言い聞かせ、本当の感覚を感じないようにしている状態です。

どうしてこんなことが起こるのでしょうか？　それは、自分と他者の間にある〈バウンダリー＝境界線〉の概念の理解が、特に私たち日本人にはとても曖昧だからです。

欧米では、セラピストやカウンセラー、介護職などの対人援助職に就いている人であっても、時に私たち日本人の目には「冷た過ぎる」と映るような態度が見られることがあります。

それは、そもそも欧米人のバウンダリーの意識が、日本人より明らかにハッキリしているからです。これは〝文化の違い〟だと一言で表せるものではなく、単一民族である私たち日本人と違い、多くの人種が交わる環境で生きる彼らにとって、〝安全〟や〝所有〟、また、〝自分を守り、相手にも敬意を払う〟ために、このバウンダリーの感覚が発達したという歴史背景があるように思います。ここで注意したいことは、だからと言ってバウンダリーが自分と他を明確にピシッと分けるものではないということです。

バウンダリーには、〝健康的なバウンダリー〟と〝不健康なバウンダリー〟があります。ある関係性に問題が生じたり、こじれてうまくいかなくなるのは、その関係性におけるバウンダリーが不健康だからです。これはクライアントとの関係性のみならず、私たちが他者と築くありとあらゆる関係性にあてはまります。

私たち人間は、自分以外の人や物との関係性の中で生きています。ゆえに、私たちが幸せを感じながら自分らしい人生を送るためには、このバウンダリーの理解がとても重要になります。ですが、残念ながら日本ではまだこのことはあまり認知されていません。一度でもこのバウンダリーの概念を理解し、それを踏まえて自分の立ち位置や振る舞いを見直し、そこから行動できるようになれば、それまでどうしてもうまくいかなかった関係性が不思議な位スムーズに流れ始め、世界が一変してゆきます。つまり、バウンダリーを理解し取り扱えるようになれば、他者との関係について悩んだり、胸を痛めたりすることが少なくなるのです。

私が代表を務める、「ＨＩＴキャラクトロジー®心理学協会」では、５つのキャラクターのそれぞれの特性や特質を理解することで、他者とどのようにバウンダリーを取れば良いか、またどのように構築していったら良いのかをお伝えしています。キャラクトロジー心理学を学ぶことで、それまで何をやってもうまくいかなかった人生が劇的に変わったという報告を日本中からいただいています。

この本では、その中でも特にセラピストや介護職など、対人援助職についている方とクライアントとのバウンダリーに焦点を当て、実際のケースや体感できるワークなどを取り上げ、じっくりとお話していきたいと思います。

山本美穂子

目次

#［第一章］

境界線《バウンダリー》を理解しよう

私とバウンダリー

１９９７年頃、私は東京でヒプノセラピストとして活動を行っていました。当時の日本は、カウンセリングやセラピー、スピリチュアルというものが現在のように市民権を得ておらず、言葉に出すだけでどことなく胡散くさがられるような時代でした。そんな中でも、ありがたいことに私のセッションを受けに来てくださる方は後を絶たなかったのですが、クライアントとの関係性の部分、つまりスキル以外のコミュニケーションの部分で、どのように接すれば良いのか、当時の私にはその知識がまったくありませんでした。

そのため、例えばクライアントから夜遅くに相談の電話がかかってきたり、いらっしゃるのをお待ちしている時に突然の電話でキャンセルされたり、さらには、「また来て欲しい」と思うがゆえに必要以上に話を聞いてしまい、セッションの時間が予定より大幅に延びてしまうことも日常茶飯事でした。また、お金をいただく時に、なぜか「申し訳ない」という罪悪感を感じ、「お金がないと生活できないのだから仕方がない」と自分に言い聞かせながらでないと受け取れないなど、とにかく技術以外の部分がとても大変だったのです。

プライベートでも、パートナーとの関係性はいつもうまくいきませんでした。誰かと付き合うとやがて相手が私の家にずっと滞在するようになり、自分の家なのに居場所がないという状態によくなりました。また、妊娠中の心身が不安定な時に、夫がひどく感情的になったり、お酒を飲んで帰宅し怖い思いをすることもありました。けれども、そんな状態になっても、当時の私はその場を離れることも部屋を分けることも、パートナーに「ＮＯ」と言うこともできませんでした。

不安があまりにも強くなり、母親に話を聞いて欲しくて電話をかけても、私をなじり叱責するだけ。安心するどころかさらに悲しくなり、泣き続けていました。友人との関係性においても、私は親しくなるとプレゼントを贈ったり、その人のために自分の時間を割いて尽くすということをしてしまうのですが、私が困った時に友人に助けを求めても、拒絶されてしまうのです。ここまで読んでいただくとお分かりかと思いますが、以前の私は他者との関係性においてどう振る舞って良いのか、どのようにコミュニケーションをとれば良いのかまったく分からず苦しんでいました。

息子を産んでからは、その関係においてもこの歪みが垣間見えることがありました。私は息子をとても愛していて、自分が経験してきたような悲しみや苦しみを絶対に味あわせたくないと思っているのに、凶悪な感覚に襲われることがあったのです。それはおそらく、私を虐待していた継父が、私を虐待しながら感じていたであろう感覚と同じものだろうと思います。私はなんとか自分を押しとどめながら、愛する我が子のために本気で自分の傷を癒そうと決意しました。

自分の傷を癒すための手立てを必死で探し行き着いたのが、元NASAの科学者であるバーバラ・ブレナン女史がアメリカのマイアミに創設した、ヒーリングの単科大学でした。さまざまな種類のセラピーやヒーリングといった〝癒し〟を科学的に学ぶことができるこの大学で、心理学の知識や人格構造学（後に私が考案することになる『キャラクトロジー心理学』の原型）、オーラやエネルギー、また非言語コミュニケーションを介した関係性について、四年間を費やし学びました。そしてここで、スキルの一つとして学んだのが、本書がテーマとしている〝バウンダリー〟です。

当時、バウンダリーという言葉を初めて耳にした私にとって、その概念もまた非常に目新しいものでした。さらに、欧米人のクラスメイトと私を含む日本人のバウンダリーの感覚がまったく違うことにカルチャーショックを受けました。スクールで学んだ、〝プロのセラピストとしてのクライアントとのバウンダリーの取り方〟は完全に欧米人の感覚に合わせたものので、そのまま日本に持ち帰りセッションに取り入れることは難しいものでした。けれども、バウンダリーの概念自体は、どんな種類のセラピーであったとしても、良好な関係性やコミュニケーションを築く上で大切なものであることは十分過ぎるほど理解できました。

ここで、スクールで学んだことの一例を挙げてみます。

例えば、クライアントに美容師がいたとしたら、セラピストは絶対にその人に髪を切ってもらってはいけません。なぜならば、一つは、セラピストとクライアントの関係性や立場がその場において逆転してしまい、セラピストがクライアントを常にサポートできるポジションにいられなくなるからです。またほとんどの場合、クライアントはセラピストに対し、うまくいかなかった幼少期の両親との関係性を、投影（自らの内にある認めたくない性質や感情を、自分ではなく他者に無意識に感じる）、または転移（現在の目の前の人の態度によって幼少期の体験が呼び起こされ、無意識にその時の感情や経験を相手に映し出す）してしまうからです。ですから、ハサミを持っているクライアントに背中を向けて頭を触ってもらうことは危険につながる可能性があるのです。日本ではそこまで極端な行動に出るクライアントはいないと思いますが、この理由を聞いた時には衝撃を受けました。

そこからどのように自分の身を守ったら良いか、そして、セラピストという職に就く者として、それをどうクライアントに気づかせていくか。こういった〝ヒーラーシップ〟の大切さもスクールで学ぶことができました。

ここで少し、この〝ヒーラーシップ〟という言葉に触れておきたいと思います。

〝ヒーリング（HEALING）〟とは、〝HEALTH（健康）〟を語源とする言葉で、健康になることを目的としたありとあらゆる療法のことを指しています。ゆえに、健康に関わる療法を行う人はすべて、〝ヒーラー（HEALER）〟ということになります。そして健康に向けて、自らの理念や価値観に基づいて目標を設定し、意欲を高め、成長しながら課題や障害を解決するという姿勢・在り方を〝ヒーラーシップ（HEALERSHIP）〟と呼びます。このヒーラーシップを、セラピストだけでなくクライアントも持つことで、初めて本当の意味で人は癒され健康になります。なぜなら、セラピストとクライアントの双方がヒーラーシップを持つことで、〝健康になっていく〟という方向が一層明確になるからです。

バウンダリーとは自分だけ、あるいは相手だけが健康であるために引くものではありません。自分も相手もお互いに健康であるという状態を作るために、私たちは健康的なバウンダリーを引くことが必要なのです。

先ほども少し触れたように、四年間の学びの中で、スクールで学んだ欧米人向けのセッション法やセラピー、バウンダリーの感覚をそのまま日本に持ち込んだとしても、文化的な理由からうまくいかないだろうということは十分に想像できました。ゆえに私は２００４年にスクールを卒業後、セラピストとして開業して二万人以上の方に個人セッションを提供し、プロセスファシリテーターとして六年間で五千人以上の方の感情のワークをファシリテートし、そして心理学の講師として七千五百名以上の生徒に教え続けてきたティーチャーシップの学びの中で、日本人向けのバウンダリーの概念の構築を重ねてきたのです。

あらゆる関係性を健康的に保つには、この〈バウンダリー＝境界線〉の概念を知っておくことが必要不可欠です。なぜなら、バウンダリーに対する誤解こそが、私たちが生まれてからこれまでに生きてきた中で傷を生み出す元となっているからです。

バウンダリーの基礎知識

〝バウンダリー〟という言葉を聞いた時、まずどんな風に感じ、何をイメージしますか？

このバウンダリーという言葉は、特に私たち日本人にとってあまり聞きなれない、新しい言葉ではないかと思います。けれども、〈バウンダリー＝境界線〉という概念そのものは、実は昔から私たち人間の生活の中に息づいています。

私たちの住む日本という国は、四方を海に囲まれ、直接他の国と境界を接していない島国です。そのため外敵（他国）からバウンダリーを脅かされるという民族的経験がほとんどない単一民族国家として独自の歴史を築いてきました。しかし、まったくなかったわけではありません。歴史を紐解いてみると、戦国時代末期には豊臣秀吉が朝鮮半島に出兵していますし、江戸時代には黒船が日本に来航しています。島国とはいえ、国家間のバウンダリーを日本が侵害しようとした、あるいは他国から侵害された歴史があります。

このように遥か昔から、人間は〝自〟と〝他〟を分けるものとして、土地に見えない境界線を引いてきました。近年では、空中や海中にまで、空間という目には見えない境界線を引き、各国が所有権を主張していますよね。同じように、私たち人間も、〝自〟と〝他〟を分ける境界線を自分の人生に引く必要があります。

なぜ健康的なバウンダリーを引く必要があるのかといえば、一つには、私たちはバウンダリーによって自己と他者との違いを知ることができるからです。そしてもう一つには、肉体的にも感情的にも、思考的、霊的、エネルギー的にも、どこまでが自分の責任でどこからが自分の責任ではないのかを明確に線引きすることで、〝私〟とは誰なのか、何者なのかを明らかにしていくことができるからです。

では、バウンダリーがない状態では、私たちはどうなってしまうのでしょうか？

健康的なバウンダリーを持っていない人は、人生において、なかなか幸福感や満足感を感じることができません。なぜなら、バウンダリーがないために、いつも誰かに何かを奪われたり、あるいはズカズカと入り込まれたりと、望まないことばかりが起きるからです。

驚きましたか？　つまり、バウンダリーという概念を知らずに人生を過ごすということは、なぜ自分がいつも不幸な状況を引き寄せてしまうのか、分からないままに一生を過ごすのと同じことなのです。

子どもの頃、常に親や周囲の人たちからバウンダリーを侵害されて育ってきた人は、その後の人生において、自分が関わるあらゆる他者のバウンダリーを侵害していきます。なぜなら、私たちが無意識に取っている他者との距離感は、幼い頃に繰り返し経験し〝訓練〟された距離感そのものだからです。

幼い頃の親との距離感、親戚や近所、周囲の人などとの距離感こそが正しいと誤解し、それを大人になってからも、他者との関係性のすべてに適用してしまうのです。歪みのない健康的なバウンダリーの引き方を知っている親や大人などなかなか存在しないにも関わらず。

このバウンダリーの誤解ゆえに、私たちはいつも他者との関係性に悩み、距離感をどのように保てば良いのか分からずに苦しみます。平穏で健康な人生を送りたいと願うならば、私たち一人ひとりが、自分の中にあるこの無意識の〝バウンダリーの誤解〟に気づき、健康的なバウンダリーの引き方を身につける必要があります。

そして、バウンダリーの歪みが特に顕著に現れるのは親しい人との関係性です。初対面の人に対し、幼少期の両親との距離感をそのまま適用することはほとんどありませんが、関係性が親しくなっていくにつれ、自分が体験し習い覚えた距離感を再現していきます。その時に、どちらか一方がバウンダリーの概念を知っていたら、その距離感の誤解に気づくことができます。けれども双方とも知らなかった場合には、お互いの距離感に違和感を持ちながらも、適切に「ＮＯ」を言うことができません。こうして幼少期の不健康なバウンダリーをそのまま相手との間で再現し続けたなら、遅かれ早かれ二人の関係性はきしみ始めるでしょう。

〝コミュ障〟（他者とのコミュニケーションが苦手な人を指すネットスラング）という言葉が若者の間で流行していますが、このことが示すように、コミュニケーションに関する悩みを抱える人が増加しています。これは近年、核家族化や母子密着型育児、シングルマザーやシングルファーザーの増加など、家族という構成が急激に変化してきたために、バウンダリーがさらに曖昧になってきているからではないかと私は考えています。

家族や恋人のみならず、仕事で接するクライアントや患者との間に、健康で居心地の良い関係性を保つためには、まずは自分の持つバウンダリーの誤解に気づくことが必要です。そして、その誤解にまつわる心の傷を洗い出し、誤解の下にある真実を知ることで、私たちは新しいフレキシブルなバウンダリーを他者との間に引き直すことができるようになります。そしてそれは、自分だけでなく関わるすべての人の平穏な生活にもつながっていきます。

ここまで、バウンダリーとはどういうものかを簡単にお話ししてきました。本書をお読みくださっている方の多くは、セラピストとして仕事をされている方だと思います。言い換えれば、常にクライアントという他者と関係性を続ける必要がある方ばかりです。

私のクライアントにも、セラピストとして仕事をされている方が多くいらっしゃいますが、ほとんどの方が、多かれ少なかれクライアントとの距離感に悩まれています。私の印象では、対人援助職に就かれているほとんどすべての方が、クライアントとの距離感をどう取ったら良いのか、あるいはどのように保ったら良いのかと常に悩んでいると言っても過言ではありません。**ここで一つのケースをご紹介します。あなたも、クライアントとの関係性の中でこんな風に感じたことはありませんか？**

【ケース1】仕事の中で、自分の心地良い距離感が、相手にとっても心地良い距離感であるとは限らない、ということを常に考え迷っています。自分にもクライアントにもほど良いバウンダリーを引くには、どうしたら良いのでしょうか？（ボディケアセラピスト・女性）

【アドバイス】他者との間のバウンダリーを健康に保つためにまず大事なことは、「今、自分はどう

感じているか」に敏感になることです。〝他者〟よりも先に、〝自分の感覚〟に対して繊細でいてください。その次に必要なことは、少しでも違和感や不快感を感じたなら、それを相手に伝える勇気です。

もしも施術中にこのような状況、つまり自分が何かしらの違和感や不快感を感じていることに気づいたら、例えば、「私は少し居心地が悪いと感じています。もう少し時間や距離をいただけませんか？」などと伝えてみてください。ここで注意すべきなのは、〝お願い〟や〝嘆願〟ではないということです。最初に自分の状態や状況を話し、そこから相手に〝断り〟を入れるのです。

時には、それを受け入れてくださらない方もいらっしゃるかもしれません。それでも、健康なバウンダリーをクライアントとの間に保ち続けるためには、このことを伝え続ける必要があります。あなたはセラピストとして、自分自身への責任と、あなた自身が今感じているその感覚に対して責任を負わねばならないのです。

このケースに関連づけて、もうひとつの対応例を紹介します。セラピストとして活動している私のクライアント、Nさんの例です。

【ケース2】現在のクライアントさんから、別の新しい方を紹介されることがあります。ですが、何かマッチングしないような感覚を持つことがあります。そんな時は、どうしたら良いのでしょうか？（エネルギーワーカー・女性）

【アドバイス】無理に引き受けないようにしてください。なぜならそのような場合、例え引き受けたとしても施術はなかなか継続しません。クライアントは、セラピストとの出会いに人生のパターンを映し出します。過去の両親との関係や傷ついた出来事を、セラピストに投影、転移するのです。セラピストがそれに対応できずに巻き込まれた場合、クライアントの傷がさらに深くなる可能性があり、誰も信頼できないという絶望感や怒りに囚われやすくなってしまいます。セラピスト側に何かマッチングしないような違和感がある時は、これらが強烈に起こる可能性があります。

このように、受け入れられないと判断したら、時には〝断る勇気〟を持つことも必要です。それが、クライアントとの間に健康的なバウンダリーを引くことにつながります。

なぜ「NO」と言えないの？

他者との関係性において、相手に「NO」を言うことは、誰にとってもどことなく居心地が悪いものです。私たちの中には、この居心地の悪さを引き出す二つの恐れがあると前述しましたが覚えていますか？　それは、〝愛を失う恐れ〟と〝相手の怒りを引き出すのではないかという恐れ〟です。そしてこの恐れは意識している・いないに関わらず、誰の中にもあるものです。

では、この恐れは一体どこからやってくるのでしょうか？　答えは、幼少期の両親との関係性の中にあります。

子どもは親に完全に依存して生きています。私たち人間は一人残らず、〝権威者〟である親の保護なしでは生きられないというプロセスを経て、大人になっていくのです。誰もが経験するこの幼少期のプロセスの中で、権威者である親の意向に沿わない行動や言動をとること、すなわち親に対して「NO」を言うことは、どんな経験をもたらすと思いますか？　そのような体験がなかったか、子どもの頃のことを思い出せそうな方はぜひ思い出してみてください。

親に「ＮＯ」を言うことで、親から叱られる、あるいは拒絶される。それによって「愛する親から愛されない」と感じる、または居心地の悪さを感じるといった状況を、私たちは体験しています。そしてその体験から、相手に対して「ＮＯ」と言うことが、自分の愛と平安を脅かされることとイコールで結びついてしまっているのです。このバウンダリーの誤解ゆえに、大人になってからも、目の前の人に「ＮＯ」を言いたくても、記憶の中から引き出されるその恐れにより「ＮＯ」と言うことができず、違和感をないものとして引っ込めてしまっています。もしも目の前にいる人に「ＮＯ」と伝えたら、〝相手の愛を失う〟〝相手の怒りを引き出す〟〝自分の中の愛と平安な心が脅かされる〟という誤解を信じ込んで行動してしまっているわけです。

けれども、冷静に考えてみれば、今、目の前にいるすべての人に何が何でも愛されなければいけない必要はありません。例え嫌われたとしても、現実は変わらず続きます。むしろ、目の前の相手からバウンダリーを侵害されるような出来事が起きた場合には、ハッキリと「ＮＯ」を伝えた方が、あなた自身の愛や平安な心持ちを脅かされずにいられるというのが、大人になった今の真実ではないでしょうか。それにも関わらず私たちは、過去の体験の記憶によって、現実の中で同じようなシチュエーションと出会うたび、子どもの頃と同じように振舞ってしまうのです。

幼少期、親に「NO」を伝える時、幼いあなたはとても混乱していたと思います。なぜならその体験の中には、〝愛〟と〝怒り〟、〝拒絶〟と〝安全〟といった感覚が混沌として絡まり合い、ぐちゃぐちゃになっていたからです。幼い子どもにそれが理解できるはずはありません。親しい友人や恋人であるほど「NO」を言えずに困るのは、愛を感じている相手であればあるほど、子どもの頃とても愛を感じていた相手である〝親〟を転移してしまい、「NO」と言えない反応が強く起こるからです。けれども健康なバウンダリーを引くためには、どんなに親しかったとしても、どんなに愛を感じていたとしても、「NO」と言う必要がある時には、それを伝えなければなりません。そのために、まずはあなたの内側にバウンダリーを引いてみましょう。

記憶の中でぐちゃぐちゃに絡まり合いくっついてしまっている〝愛〟と〝怒り〟、〝拒絶〟と〝安全〟といった感覚をひとつずつ感じてみてください。そしてその感覚と感覚の間に、やわらかな〈境界線＝バウンダリー〉をイメージの中で引いてみましょう。すると、それらはまったく別々の感情であるということを、今のあなたが知覚できるようになります。子どもの意識のまま混乱しているあなたの一部を、大人になった今のあなたがどうか手助けしてあげてください。

バウンダリーは責任と所有を教えてくれる

バウンダリーは、責任の所在がどこにあるのか、そして所有権は誰にあるのかを明確にしてくれるものでもあります。

例えば、机の上のペンを指差して「これは誰のものですか？」と聞かれたと想像してみてください。その時、「これは私のものだ」という感覚を感じるペンと、「これは○○さんのものだ」という感覚を持つペンとに区別することができます。これは、そこにバウンダリーが存在しているからです。バウンダリーが、そのペンの〝所有権〟を明らかにしてくれているわけです。

もっと分かりやすい例を挙げてみましょう。あなたには、「私の茶碗」「私の箸」があると思います。あなたの茶碗や箸は、あなたの〝責任〟と〝所有〟に属しています。では、それを他の家族や人が勝手に使ったり、あるいはうっかり破損してしまったりしたらどう思いますか？　おそらく何かしらのネガティブな感覚が引き起こされると思います。あるいはまったくの他人が、犬の散歩のたびにあなたの家の塀に、犬にオシッコをさせているとしたらどうでしょう？　きっと怒りを感じたり、飼い主を注意したくなったり、禁止を伝える看板を立てたくなる方もいると思います。これらの例から分かるように、自分の責任と所有に属している領域に他者が入ってきたり、または自分が他人の領域に入り込んでいくと、その関係性には問題が生じます。

さらに、所有権を持つにあたっては、必ず〝対価〟が発生します。対価にはお金だけでなく労働といったエネルギーも含まれますが、対価を支払うことで、それに対する責任と所有が明確になるのです。つまり、それを得るためにお金を払う、行動したり働いたりすることによって、私たちは、「ここ（これ）は私のもの」という感覚を持つことができるようになるのです。

身近な例でいうと、お花見の場所取りが挙げられます。お花見シーズンになると、公園にシートを敷いて桜を見ている人たちをいたる所で見ますよね。彼らは、咲き誇る桜を見るためにわざわざ公園に出向いて、桜の木の下にシートを広げるという行動をしています。その行動を〝対価〟として、一時的ではありますが、「ここは私たちの場所です」と暗黙の所有権を宣言しているわけです。

また、もう一つの分かりやすい例は家です。土地や建物に対してお金を払いそれを手に入れるという行動は、他者に対してその土地や建物の所有権を表明し続けることを意味しています。ただし、それが相続になってくると話は別です。家であれ土地であれ、対価を払ってそれを手に入れ所有していた人が亡くなったら、次は誰がその所有権を持つのかで親族がもめるという話はよく聞きますよね。なぜもめるのでしょうか？　それは、そこに労働やお金といった対価が無いからです。だから、誰も明確に「これは自分のものである」と主張することができないのです。

〝バウンダリーと責任〟の関係について、もう少し詳しく見ていきましょう。

私たちは、〝自分が感じていること〟にも責任を持たなければなりません。これはどういうことかというと、例えば意地悪をされる、怒鳴られるなどバウンダリーを侵害されて嫌な思いをしたら、その嫌な感覚に責任を持ち、二度と同じようなことが起こらないように何らかの手立てを講じたり、行動を自分で起こさなければいけないということです。これが、自分に対する自己責任です。言い換えると、私たちは、自分が居心地良くいること、幸せを感じられる状態であることに対して責任を負わなければいけないのです。私たちは皆、自分の幸せに責任があるということを忘れてはなりません。

ここで、大切な理解をお伝えします。

バウンダリーの問題に直面すると、私たちの中には必ず〝怒りの感覚〟が引き起こされます。

なぜなら、怒りを感じることで、私たちの中で「ここまでは入って来ても良いけれど、これ以上は許さない」という人間の本能的なアラートが動き出すからです。この怒りが出てくることを恐れるがあまりに、自分のバウンダリーを相手に明け渡してしまっている状態が、先ほどお話した〝相手に「NO」と言うのが怖い〟という状態です。

バウンダリーを引くためには必ず怒りが必要です。つまり、「自分は今、怒っている」という感覚に自分を開いていかねばならないということです。もしも他者との関係性において怒りや違和感を感じたら、バウンダリーを侵害されているかもしれない可能性に思い至らなければなりません。この視点を持つと、自分が今どんな種類のバウンダリーを侵害されているのかを考えられるようになります（種類については第一章の後半で詳述します）。すると、状況への対処法を見つけることもたやすくなります。

ここで、責任と所有権に関するケースをひとつご紹介します。私のクライアントであるMさんのケースです。

【ケース3】ボランティアとして、介護施設でボディケアを行っています。施設長さんから、「今日は○○さんにこのようなケアをして下さい」とお願いされるのですが、患者さんへの声がけのタイミングや言葉にいつも悩んでいます。「断られたらどうしよう?」「嫌がられたらどう答えれば良い

のだろう?」と考えてしまい、患者さんに対してベターな対応ができていない気がします。(ボディケアワーカー・女性)

【アドバイス】このケースの場合、責任は施設長に、所有権は患者にあるとMさんが誤解していることで行動が曖昧になっています。まず、自身がボディケアワーカーであるという立場を明確にし、ボディケアワーカーである責任と所有権が自分に属していると理解した上で、患者さんに対して行動してみてください。そうすると、それを受け取るか受け取らないかは相手=患者さんの責任ということになりますので関係性がスッキリします。

このような場合、〝責任の在り処《ありか》〟は、自分が〝どこに権威を置いているか〟に関係しています。自分に責任を持つということは、自分自身に権威を持つということでもあるのです。つまり、セラピストとして、クライアントに対して健康的なバウンダリーを引くためには、自分に対して権威を持ち、その行動に責任を持たなければなりません。〝自分に権威を持つ=力や決定権を相手に明け渡していない状態〟です。権威を自分自身に置くようになると、どんな場面でも自分がどのように振る舞えば良いのか悩むことがなくなっていきます。

依存されやすい人、依存されにくい人の違い

本書を読まれている方は、セラピストとしてクライアントと接する機会のある方が多いと思います。その中で、こんな風に感じたことはありませんか？

「世の中には〝依存されやすい人〟と〝依存されにくい人〟がいる」と。

なぜなのでしょうか？

この性質に大きな影響を与えているのは、やはり、幼少期の家庭環境です。私たちが育ってきた家族は、最も小さなコミュニティの単位です。このコミュニティの中で、それぞれがどのように関わり合い、コミュニケーションをとっていたのか。これが、大人になった現在のあなたの〝依存されやすい〟、あるいは〝依存されにくい〟性質に大きな影響を与えています。この部分をもう少し詳しく見ていきましょう。

幼い頃の親子関係においては、〝権威者〟は必ず親の側です。そして、子どもは必然的に

弱い立場となります。もしもこの時、権威者である親が高圧的だったり、あるいは侵入的、批判的だとしても、子どもはそれを受け入れざるを得ません。なぜなら、そうするしか子どもが生き延びる手段はないからです。

私たちは誰しも、親、またはもっとも身近に関わる大人との関係性の中で、その大人が取るコミュニケーションの方法に応じて、生き延びるためのバウンダリーの引き方を学んできました。例えば、侵入的なやり方に対しては自分を明け渡したり、侵入を許すことで生きるための居場所を確保してきました。それが攻撃的なものである場合には、自分を守るために相手を遮断する必要があったかもしれません。自分の内側に閉じこもったり、感情を感じないようにして、従順に相手に迎合することだけを選んだかもしれません。このように私たちは、子どもの未熟な意識を持って、なんとかその環境に自分を馴染ませようと涙ぐましい努力をしてきたのです。

しかし、高圧的・侵入的・批判的な親の態度というのは、もちろん健康的ではありません。完璧な親などいないので、私たちは多かれ少なかれ、このような親＝権威者の不健康なコミュニケーションの中で育ってきています。そして、不健康な権威者のバウンダリーは大きく、〝厳し過ぎる権威者〟と〝甘やかし過ぎる権威者〟の２つに分けられます。まずは、〝厳し過ぎる権威者〟タイプの親のバウンダリーから見ていきましょう。

〝厳し過ぎる権威者〟のバウンダリーは、侵入・侵略的であったり、硬直していたり、弾き返すようなものだったり、攻撃的であったりします。そのため、このようなバウンダリーを愛する親に引かれた子どもは混乱し、恐怖を覚えます。これによって親は子どもを自分の意のままに操ろうとするわけです。

このような親の態度は、言うまでもなく子どもを怯えさせます。そしてその子は親の言いなりになる（＝「NO」と言えない）か、あるいはやり過ごすことによって、窮地を逃れようとします。または、親の言うことを何もかも受け入れ迎合することで自分の立場を確立しようとするかもしれません。無力感に陥り自分の内側に引きこもったり、あるいは、生き残るために

反発・反抗し、親との距離を開けようとすることもあるでしょう。これらすべてが、親が厳し過ぎる権威者、独裁者のようなタイプであった場合、子どもの側に引き起こされる間違ったバウンダリーの反応です。

次に、親が〝甘やかし過ぎる権威者〟タイプである場合を見ていきましょう。

親がこのタイプである場合、実は前者よりももっと根の深い問題を引き起こします。意外だったかもしれませんね。

親というのは通常、子どもよりも自分の属する社会の仕組みやしきたりに通じています。ゆえに、そこに子どもを順応させていくことも、親から子へのしつけの一つに含まれます。けれども、もしも親にその部分の認識がなく、子ど

もをただ甘やかし続け、やりたい放題にさせていたらどうなってしまうでしょうか？　その子どもは、ＴＰＯに応じた振る舞いを身につけることも、自分の言動に責任を取ることを学ぶこともないでしょう。甘やかし放題の親の態度は、このような学びの機会を子どもから奪ってしまうのです。

さらに悪いことに、〝甘やかし過ぎる権威者〟は、子どもが自分の意に沿わないことを行うと、たちまち表情を変えることがあります。そして、無視したり、叱ったりすることで、子どもに〝愛さない〟という罰を与えるのです。この体験を繰り返すことで子どもは、「自分からは何もせず、親の言う通りにしていることが生き残りに一番適した方法だ」と誤解するようになります。その結果、自分から行動することを放棄し、やがては真に望んでいることのために自分が行動するということに恐怖を感じるようになるのです。

毒の深さは、〝厳し過ぎる権威者〟より〝甘やかし過ぎる権威者〟の方が上だということがこれでお分かりでしょうか？　〝甘やかし過ぎる権威者〟のバウンダリーが生み出す毒は、子どもの感情や思考、行動のより深い領域にまで入り込み、心の麻痺を引き起こしていくのです。

そして私たちは、この体験を大人になってからも他者との関係性の中に持ち越します。無力な子どもとして体験したバウンダリーの引き方だけでなく、自分の親のバウンダリーの引き方の両方を、対人関係で行うようになるのです。そしてこのことは、セラピーの現場でも次のように影響しています。

クライアントや生徒の立場になった時には無力で弱々しい立場をとる一方、権威者となった時には非常に厳しく攻撃的、相手をコントロールしたくなるなど、二面性のあるバウンダリーの引き方を取ることにつながるのです。けれども、〝無力な子ども〟のやり方も、〝権威者〟のやり方も、どちらも健康的なバウンダリーではないということに変わりはありません。

私たちが持つバウンダリーの引き方の基本はこの二種類です。成長するに従って、家族以外のさまざまな人たち、あるいは学校や職場という社会の中で、親とは違ったバウンダリーの引き方を体験していきますが、残念ながらそれらも不健康なバウンダリーである可能性が大いにあります。なぜなら、幼少期に家族の中で健康的なバウンダリーを体験して大人になる人の絶対数が少ないからです。

大事なことは、健康的なバウンダリーを体験し、その関係性を受け入れ、自分でも行えるようになることです。そしてこれはあなたのクライアントにとっても、ポジティブな変化をもたらします。あなたが引く健康なバウンダリーを体験することで、彼らもまた新しい関係性、健康的なバウンダリーの引き方を取り込む機会となるのです。

なぜ、〝依存されやすい人〟と〝依存されにくい人〟が存在するのかに話を戻しましょう。お話して来たように、幼少期の家族間から始まったバウンダリーやその後の体験を通して、私たちの中にはバウンダリーに関するたくさんの誤解が生まれています。これらの誤解が、子どもの頃の〝権威者〟と〝無力な子ども〟の関係をそのまま映し出す最適なモデルとして、セラピストとクライアントとの中で発現していくのです。

〝依存されやすい人〟というのは、クライアントの問題の中に頭から突っ込んでしまうタイプのセラピストです。「私がこの問題を解決しなければ」「クライアントをどうにかしてあげなければ」と、それだけに意識を引っ張られてしまいます。クライアントの悩みそのものが重要な案件になってしまうと、例え解決できたとしても、その後、依存されることになります。このパターンに陥りやすい人は、子どもの頃、自分の問題をいつも親が解決してくれていた人に多く見られます。自分がいつもそうしてもらっていた同じことを、クライアントに対しても行おうとするのです。

一方、〝依存されにくい人〟は、クライアントの問題そのものをどうにかしようとはしません。問題に頭を突っ込むことなく、俯瞰しながらクライアントの話を聞き、自分の中に同じような所はないだろうかと探します。相手の問題を解決しようとするのではなく、自分の内側を見ることで解決策を見つけようとするのです。そのようなセラピストは、クライアントとの間に健康的なバウンダリーを引くことができるので、依存されにくいのです。

ここで、「クライアントからの依存」に関して相談をいただいたケースを紹介します。

【ケース4】同じクライアントと繰り返し何度も顔を合わせ話をしていくうちに、互いの距離が近くなり、距離感の取り方が分からなくなることがよくあります。プライベートでも頻繁にメールが送られてくるようになり、内容が私的なことにまで及んでいます。どのように答えるのが正しいのか悩ましく感じています。（カウンセラー・女性）

【アドバイス】このような場合まず注意すべきは、セッションや施術の内容によっては、プライベートな問題がその方の症状に直結しているケースがあるということです。そのため、どうすることがベストな対応であるかを一概に言うことはできません。それを踏まえた上で、私が一般的に取っている対応をお伝えしますので、一つの対応例として参考にし、個々のケースに合わせアレンジしていただければと思います。

私も、クライアントからプライベートなことでメッセージをいただくことが実に頻繁にあります。そんな時、私は「そうなんですね」「それはとても心配でしたね」「それは嫌な気持ちになりましたね」「悲しかったですね」と、まずはクライアントの言葉の中から、私に伝えたい気持ちを汲み取り伝えます。そしてその後に、「ぜひ次回のセッションの時に詳しくお聞かせくださいね」と添えるようにしています。そうすることで、まずは一人の人間として、相手の想いや気持ちに共感して受け取ることができます。かつ、セラピストとしての立場から必要な情報を受け取ったことを伝え、信頼関係を築きながら、次のステップとしてのセッションにその問題を持ち越すことが可能となります。

また、中には、摂食障害やアルコール依存症などといった精神的な病気を抱えるクライアントを持つ方もいらっしゃると思いますので、そのような方に向けた対応例についても触れておきます。

精神的な病を抱える方は、そうでない方に比べてバウンダリーが非常に曖昧です。そのようなクライアントに対する場合、あなた自身の仕事に対する責任と所有を明確にする、つまり、その方のためにできるケアの範囲をハッキリさせた上で、最後に「病院やかかりつけ医に相談されてくださいね」と言い添えるのが良いかと思います。自分にできる範囲はここまでであり、自分には責任が持てない、担当できない領域に関してはその分野の専門家に任せる、という態度を毅然として持つことが大切です。そしてこのことが、クライアントとの間に健康なバウンダリーを保ちつつ、信頼関係を築くことを可能にしてくれます。

信頼関係を築くために必要な距離は？

突然ですが、あなたはクライアントと〝信頼関係〟を築けていますか？

次は、この信頼関係に関するバウンダリーを見ていきましょう。その前に、まず知っておいて欲しいことは、〝健康的なバウンダリーは固定されたものではなく、伸び縮みするものである〟ということです。

健康的なバウンダリーは、時と場合、そして相手に応じてフレキシブルに伸び縮みします。バウンダリーが健康であるかそうでないかを見極める指針となるのが、居心地の悪さや怒りといった感情を感じられているか？　という点です。

もしもあなたが、居心地の悪さを感じることを避けていたり、怒りを抑圧しているならば、健康的なバウンダリーを引くことは不可能です。なぜかというと、先ほど、自分の茶碗や箸を他の人に使われたらどんな感じがするか？　という例を挙げましたが、もう一度それを想像してみてください。自分の領域を侵されそうになった時、私たちの中には怒りという自然な反応が起こります。この怒りの感覚に対してオープンでいることが大事なのです。

バウンダリーを侵されそうになった時の怒りは、自分にとって、「ここまでは入って来てもＯＫ、だけどここから先はＮＯ」という、相手との距離感を設定するために役立ちます。逆の立場で考えてみると、目の前の相手の中に怒りを感じると、「これ以上入ってはダメなのだな」と感じると思います。

このように怒りは関係性の中で、目に見えない境界線を認識させてくれます。そのため、感情の知覚がずれている人、感情を麻痺させている人、抑圧している人などは、バウンダリーも曖昧になる傾向があります。例えば誰もが怒りを感じるようなシチュエーションにおいてもまったく怒りを感じないという人は、多くの場合、バウンダリーの感覚も分かりません。

このように関係性の中では、どちらかがバウンダリーという線引きのリーダーシップを取っていく必要があります。そしてセラピストとクライアントという関係の場合、セラピスト側が、「ここまではＯＫ」という線引きのリーダーシップを取る役割を担うべきです。ゆえに、あなたがセラピストとして信頼関係に根ざした距離感を構築したいと考えているならば、健康なバウンダリーを引くトレーニングを積むことが一番の近道でしょう。

ここからは、クライアントとの間の心地良い距離感を取る方法をお伝えします。

必要になることは、あなた自身の〝心地良い・心地悪い〟という感覚です。この感覚を繊細にキャッチするためには、常に自分とつながり、感覚にオープンでいなければなりません。そして、前述のケースでも紹介しましたが、「自分は違和感を感じている」ことをクライアントに伝える際には、愛と敬意を持ち、相手に対して失礼のない形で伝えなければなりません。ですから、常に自分の感覚にオープンでいることに加え、快・不快を上手に伝えられるコミュニケーション術を身につけていることも必須であると言えます。

あなたは怒りや不快感を感じていることを相手に伝えようとする時、どのように伝えようとするでしょうか？　よく見かけるのが、怒りという感情をそのまま相手にぶつけるように伝えてしまっている光景です。けれどもこの方法は、伝え方として間違っています。関係性において、「怒りを感じたら、その感情を相手にぶつけてもよい」というのは大きな誤解です。

幼少期、権威者（多くの場合は親）から一方的に怒りをぶつけられた経験はありませんか？この経験がこの誤解を作り出し、怒りの伝え方を間違って学習してしまうのです。どんな関係性においても、この方法は怒りの伝え方として用いるべきではありませんが、特にセラピーという仕事の中ではあってはならないことです。

セラピストからひどく叱られたとか、あるいは「上手くいかないのはあなたが悪いから」と責められ落ち込んでしまうクライアントがいると耳にすることがあります。この職業に就く者として忘れてはならないことは、セラピストはクライアントにとって、権威者＝親と同じ立場に立っているということ。言い換えれば、クライアントが子どもの時に経験できなかった〝健康なバウンダリーの引き方のお手本〟にならなければいけないということです。

クライアントとの間に真の信頼関係を築いていくために必要なことは、まずセラピスト自身が、自分のバウンダリーがどのように歪んでいて、それは幼い頃のどのような誤解によるものであるのかを知ることです。そしてその上で、クリアで健康的なバウンダリーの引き方を学び、訓練を積むこと。この二つは、これからの時代、本物のセラピストとして生き残っていくために必要不可欠な課題だと私は思っています。

親しき仲にも礼儀あり

あなたは友人から、「セッションや施術を受けてみたい！」と言われたことがありますか？仕事に興味を示してくれたことはとても喜ばしいことですが、このような時、バウンダリーをどう引けば良いか分からないという問題が起こりがちではないかと思います。友人同士という関係性の中では、セラピストとクライアントという関係とは違うため、この距離をどのように調整すれば良いのか混乱してしまうのです。そして、近しい距離にあればあるほど、その混乱はさらに強くなります。経験された方も多いのではないでしょうか。

【ケース5】大切な友人から施術の依頼を受けました。毎日定期的に続けるタイプのセラピーだったため低料金で引き受けていたのですが、「私の家族も同じ料金でお願いできないか？」と言われました。私はそれを心地良く感じなかったので、自分の感覚に従ってそれを断ったところ、相手が私の返答に不快感を示してしまいました。（セラピスト・女性）

【アドバイス】ご相談くださった方は、このクライアントとの関係性においてバウンダリーのリーダーシップを取り、思い切って断ることができました。けれども断られた側は不快感を感じ、それをぶつけてきたというのがこのケースです。

ここで肝に銘じておかなければならないことがあります。親しい相手との関係性においてバウンダリーを引くということは、時に罪悪感を伴います。罪悪感は必ず〝愛〟と共に存在します。そこに愛があるからこそ、断ることに罪悪感を感じるのです。

このケースをご自分にあてはめてみてください。親しい友人を思い浮かべてみると分かりやすいかもしれませんね。セラピストとして、親しい友人と、その家族に対して、あなたはどのような愛を感じますか？　友人に対する愛と、その家族に感じる愛はもちろん違うものであることが分かると思います。このようなケースにおいて必要なことは三つあります。①断る勇気を持つこと、②相手から示された不快感を受け止め、自分が感じている罪悪感を認めること、そして③その居心地の悪い感覚に素直に自分を開くこと、です。

自分自身の繊細な感情に開いていくことで、「あなた（友人）のことは愛しているけれど、あなたの家族をあなたほどには愛していないので、その依頼を居心地悪く感じる」と伝えることもまた、可能となるでしょう。

似たようなパターンが起こるのが、家族からのセッションの依頼です。家族のメンバーであっても、深く愛を感じる相手とあまり感じない相手がいることがありますよね。あるいは親戚から依頼されることもあるかもしれません。このような場合、施術の料金をどうするか悩まれたことがある方は少なくないと思います。暗黙の了解のように身内料金を要求される、あるいはこちらからそれを申し出ることが多いかもしれませんが、釈然としない、何か嫌な感覚が残ることもあるでしょう。

このような場合の解決方法として知っておいていただきたいことは、〝お金という手段を介することで、嫌な気持ちをスッキリと仕事モードに切り替えることが可能〟であるということです。

私は、家族であっても必ず有料で施術をすると決めています。また、パートナーに対しては、事故に遭ったとか大きな病気にかかったとか、よほどの緊急事態でなければ一切施術はしません。例え一時的であったとしても施術者＝権威者の立場に立つことはしたくないのです。なぜなら、一時的にでもそのような立場関係に入ると、パートナーの心の傷を刺激し、親を転移される可能性をはらんでいるからです。私はパートナーとは常に家族でありたいし、また女性でいたいとも願っていますので、夫婦関係の中で余計な感情的葛藤に引きずり込まれることは極力避けたいので、そのように決めているというわけです。

セラピストという仕事に就いている者として、公私を分けることは、自分自身の精神や健康にとってとても大切なことです。「家族だから」「友人だから」という理由で、無償で相手の世話をするという関係性は、距離感が近ければ近いほど起こりがちです。けれどもそのような関係性はいずれ、不快感を伴ってこじれていきます。それを避けるために大切なことは、〝相手への愛〟と〝自分が提供できるスキル〟はまったく別のものであることを認識することです。これが、自分を大切にする・自分を愛するということにつながっていきます。また、自分がそのようにすることで、相手の持っている技術や能力に関しても同じように尊重することができるようになります。そしてこれが、クリアで心地良い関係性が続く基礎となっていくでしょう。

自と他を分けるバウンダリー

バウンダリーを引くことは、〝自分の領域〟と〝自分以外の領域〟を明確に線引きする行為です。身近な例でいうと、土地を分けるバウンダリーが挙げられます。大きなものでは、自分の国と他の国を分ける国境線がそれにあたります。日本は島国ですが、日本の中にも都道府県を分ける県境というものが存在しますよね。さらに、自分の家の敷地とそれ以外を分けているのもまた、バウンダリーです。

バウンダリーを引くことは、他の人との間に明確な線引きをするということでもあります。そう聞くと特に私たち日本人の中には、「ハッキリ線引きすることは良くないことなんじゃないか？」という、罪悪感を伴う感覚を強く感じる人が多くいます。これは、単一民族かつ農耕民族であったという、民族的・家系的・遺伝的な要素によってDNAに刻み込まれた、現代の私たちの中に自然にある感覚です。私たちは、太古の昔から助け合うことによって生き延びてきたので、人との間に明確な線引きをすることに罪悪感を感じてしまうのです。ゆえに私たちは、幼い頃からバウンダリーが曖昧な中で育っています。

このように、日本人には民族的にも遺伝的にも曖昧なバウンダリーが脈々と受け継がれてきているのですが、それでも、バウンダリーを超えて誰かが自分の領域に侵入してくると、多くの人は不快感を感じます。何度もお伝えしていますが、他者との関係性において不快感や怒りを感じたら、バウンダリーを侵害されている可能性があるということです。その不快感は、自分の境界線を認識する道しるべとなりますが、ここで大事なことは、その目に見えない境界線が、〝絶対的かつ不動のものではない〟ということです。

　健康的な境界線は、その時の状況や自分の感情、関わっている人の感情、全体の流れなどに常に作用され、変化するという性質を持っています。ですから、「一度決まったものだからこれは絶対！」という不動のバウンダリーを引いてしまうと、そのバウンダリーは硬直していき、結果として大きな混乱と痛みを引き起こしてしまうことになります。

　また、大事な理解として、セラピストが健康的なバウンダリーをきちんと引けている場合、クライアントを真に傷つけることはありません。もしもクライアントが痛みを感じたとしたら、それはセラピストがバウンダリーを引いたのではなく、感情的な〝攻撃〟をした可能性があります。痛みや傷は、感情をぶつけることで生じるのです。

　〝怒り〟を例にとってみましょう。私たちは怒りという感情を使ってバウンダリーを引くことがよくあります。私たちの多くは、怒りが相手を傷つけたり、怒りによって自分が傷つくのではないかという誤解を持っています。けれども、それが〝健全な怒り〟で、相手を攻撃していなければ、決して関係性に緊張や罪悪感、不安を引き起こすことはありません。健全な感情は私たちに強さと自由を与えてくれます。バウンダリーを引くことで混乱が減るならば、その怒りは健全です。

他者との関係性において、健康なバウンダリーを使って〝自〟と〝他〟を分けることで、私たちはその関係性をさらに深め、対等で実りあるものに構築していくことができます。私は、一人ひとりが健康なバウンダリーの引き方を学び、他者との関係性において実践していくことが、世界平和にも貢献すると確信しています。また、27ページでも少し紹介しましたが、私たちは自分と他人を分けるためだけでなく、自分の内面世界にもバウンダリーを引いていく必要があります。なぜなら、私たちの外側で起きていることは、内面の現れだからです。自分の内側で思考や感情がぐちゃぐちゃに絡まり合っていると、その混乱がそのまま外の世界に映し出されます。これが現実創造の仕組みです。もしも内側で自分の感情・思考・行動のそれぞれにソフトなバウンダリーを引き、明確に分けることができたなら、外の世界においても、〝自〟と〝他〟が明確に分かれ、それぞれが別々に並び立ちながら、支え合い協力し合うことが可能であるという世界を体験することができるのです。この内面に対するバウンダリーの詳しい引き方は、後ほど詳しく解説していきます。

バウンダリーの生理学

バウンダリーをより立体的に理解していただくために、次の図を用意しました。

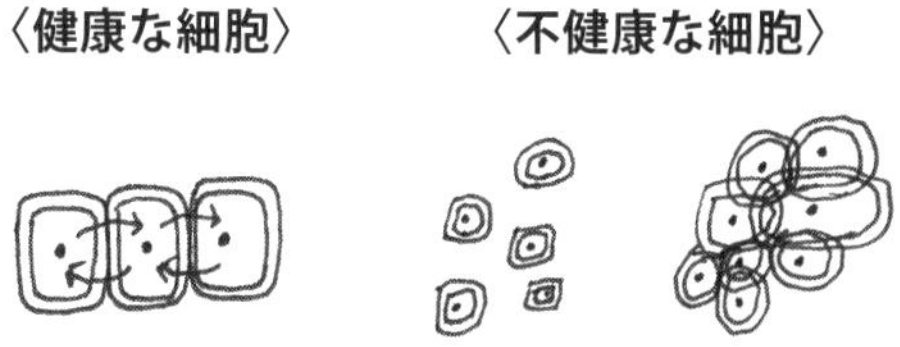

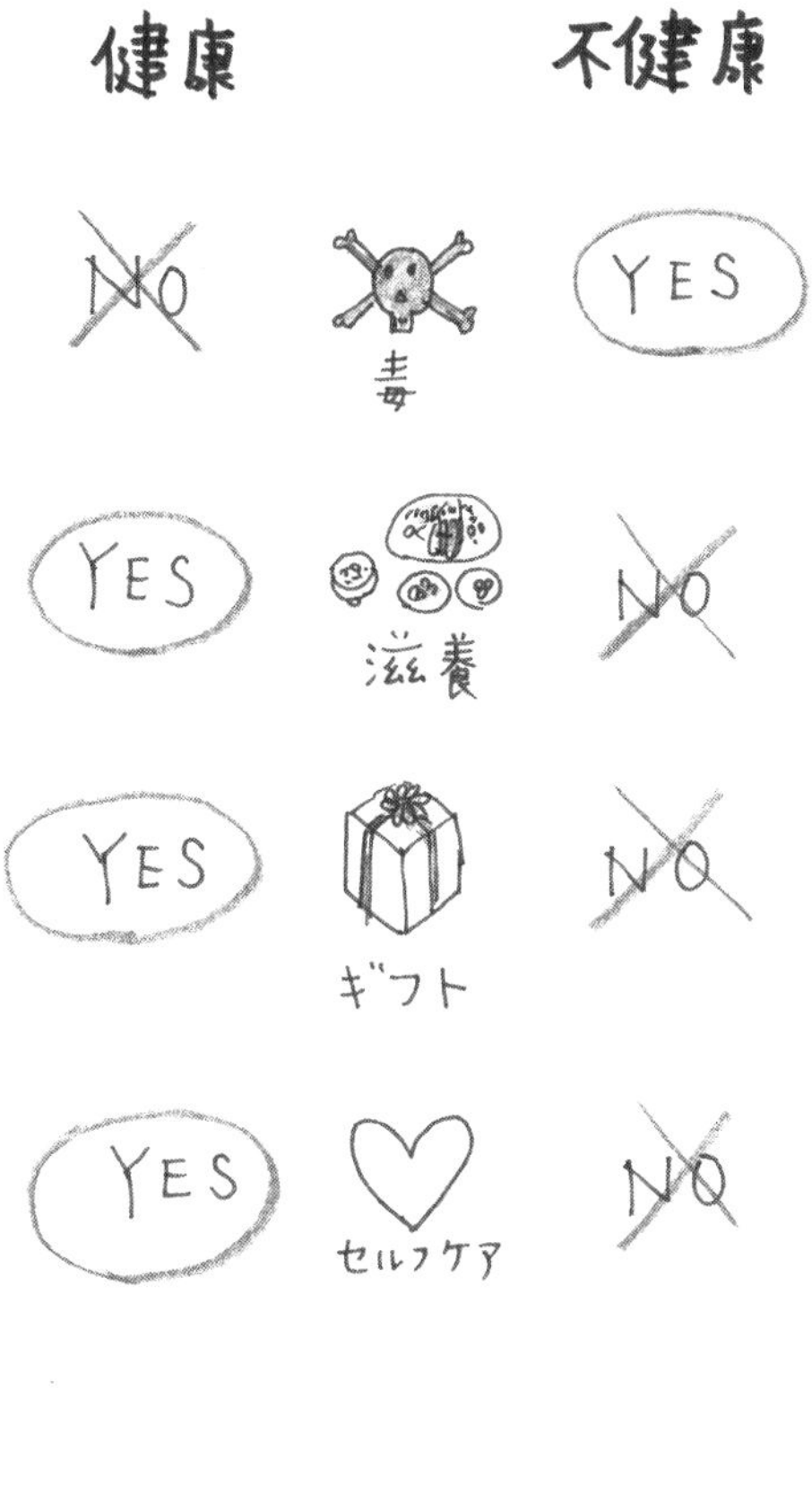

バウンダリーを一つの細胞と考えてみましょう。

細胞の組成を見てみると、細胞は、細胞核を中心として細胞質と細胞膜がその周りを覆って出来ています。細胞膜は内側が外に流れ出ないように守り、内部で起こった反応は細胞壁を通して隣の細胞に伝達されています。

人間の肉体は、70兆個もの細胞によって構成されていると言われています。それらすべての細胞が互いに触れ合わずバラバラに存在していたら、肉体はどうなってしまうでしょうか？　肉体が肉体として機能しなくなってしまいますよね。逆に、それぞれの細胞が混じり合い混乱していたら、肉体の中で正常な細胞として機能することは不可能でしょうし、その部位はやがて癌化し自己を破壊していく原因ともなります。

実は、バラバラに存在しているのは欧米的な関係性のモデル、混じり合い混乱している細胞はアジア的な関係性のモデルなのだとスクールで学びました。

どちらが正解、不正解ということではなく、細胞が細胞として健全に機能するためには、自と他の細胞とを細胞壁で明確に区切り、かつ互いの内側の情報を隣に伝達し、コミュニケーションが心地良くとれる状態にあることが何よりも大切なのです。

毒と滋養・バウンダリーの四つの特性

では、ここでバウンダリーが持つ四つの特性をそれぞれ見ていきましょう。分かりやすいので、引き続き細胞を例にとって説明していきますね。

（1）毒を受け取らない

健康的なバウンダリーは、隣の細胞から「毒」がやってきた時、それを「NO」と言い受け取らない。不健康なバウンダリーは隣からきた毒に「YES」と言い受け取ってしまう。

（2）滋養を受け取る

健康的なバウンダリーは、隣の細胞から「滋養」がやってきた時、それを「YES」と言い受け

取る。不健康なバウンダリーは、滋養がやってきた時に「NO」と言い受け取らない。

(3) 分け与える

隣から滋養を受け取った細胞の中では、他に分け与えることのできるギフトが生成される。それを隣の細胞に分け与えることに「YES」と思えるのが健康的なバウンダリー、「NO！私は誰にも与えたくない」と思うのが不健康なバウンダリー。

(4) 健康を保つ

バウンダリーには、自分自身を健康に保つ働きがある。健康的なバウンダリーは、限界を超えて働き続けることをせず、セルフケアを行うこと、休息をとることに対して「YES」と言う

ことができる。不健康なバウンダリーは、限界を超えて働くことに「NO」と言うことができない。

この四つの特性のすべてが健康なバウンダリーである時、あなたのバウンダリーは初めて、健康なバウンダリーであると言えます。どれか一つでも不健康な状態が混じっていると、例え残りの三つが健康であったとしても、バウンダリーは不健康だということになります。四つの特質のうち、どの分野、どの領域が不健康であるか、自身のバウンダリーと照らし合わせてチェックしてみてくださいね。

不健康なバウンダリーの奥には、必ず幼少期に築いた何らかの誤解があります。その誤解がどんなものなのか、自分の内側を探ってみましょう。その誤解の周りにある真実に気づき、真実に自分を開いていくことで、今この瞬間の現実において、健康的なバウンダリーが創造できるようになっていくのです。

ここで、またいくつかのケースをご紹介していきます。

【ケース6】ボディワーカーとして働いています。あるクライアントと親しくなり、プライベートでも頻繁にメールが届くようになり困っています。私のバウンダリーが弱かったからだと思うので

すが、どうすれば良かったのでしょうか？（ボディケアセラピスト・女性）

【アドバイス】ボディケアは、特にクライアントとのバウンダリーが曖昧になっていきがちなケアです。それは、身体に直接触れる施術であることも一つの理由ですが、さらに、クライアントの心理状態が関連しています。他者に身体に触れてもらう体験は、もちろん心癒されるリラックスした時間となるのですが、幼少期に体験していた安心で安全な感覚に入りやすくもなるので、セラピストとより親密になっていく傾向が見受けられます。それは同時に、クライアントが施術者に過去を転移しているということでもあります。

セラピストは前にお話しした通り、バウンダリーのリーダーシップを取る立場に立ってください。そして、クライアントが示してくるバウンダリーの距離感にそっと境界線を引くことが求められます。プライベートなメールが頻繁に来るようになったなら、「お話を聞かせていただいて本当にありがとうございます。ぜひ次回のセッションの時に詳しく聞かせてくださいね」と、こちら側のバウンダリーを明確に引くことにチャレンジしてみてください。そうすることで、健康的なバウンダリーを保つことができるでしょう。

次に、状況はケース6と同じですが、さらにサポートの難しいクライアントとの関係性のケースを紹介します。

【ケース7】摂食障害とアルコール依存症を患っていたクライアントさんが、プライベートでも頻繁にメールをしてくるようになりました。徐々にメールの頻度が上がり、最終的にこちらがスルーし続けるという形で距離を開けたのですが、もっとエレガントな接し方ができたかもしれないと今でも後悔が残っています。(ボディワーカー・女性)

【アドバイス】「○○依存症」という病名がついていなくても、健康であっても、私たちの多くは何らかの依存症を持っています。例えばコーヒー中毒、スマホ中毒、仕事中毒などはよく聞くことがある依存症の一種です。ただし、健康に害を及ぼすレベルの依存になっているケースですと、セラピスト側がどれだけバウンダリーを引いても、依存に歯止めが効かないこともあります。

そして、この歯止めが効かないケースの下にあるのが、前にお話した〝甘やかし過ぎる権威者〟との関係性によって生まれた〝自己責任の放棄〟という感覚です。まさかそれが深刻な依存症につながるとは驚いた方も多いかもしれませんね。子どもの頃、いかに自分に歯止めをかけることができなかったか、それを教えられるチャンスがなかったのか。このことが、成長してから行き過ぎた中毒症という形で現れることがあります。

このようなケースでは、セラピストはとにかく愛と敬意を持って「NO」と言い続けることが必要です。勇気も根気もいりますが、それによって、相手を依存させることなく成長をサポートしながら、なおかつ自身の成長をも同時にサポートすることが可能になります。

ただし、セラピスト自身が〝依存されやすい人〟である自覚がある場合は、もう一つの段階を経ることが求められます。なぜなら、このような場合には、セラピスト自身の内側にも、クライアントと同じ問題があることに間違いがないからです。

もしもあなたがそうであるならば、ご自身の中に、〝自己責任を取れない〟、あるいは〝どのように自己責任を取れば良いか分からない〟ままの子ども時代の混乱がそのまま残っていることに気づいてください。クライアントに対する線引きを考える以前に、自分自身のバウンダリーの曖昧さや幼少期の混乱に気づかなければならないのです。まずは自身が自分の内側と向き合い、理解し、再教育することが必要です。そうすることで、難しいサポートが必要なクライアントと良好な関係性を結びながら、心の健康に寄り添うことが可能となります。

ここまで、〝バウンダリー〟というどことなく曖昧な言葉を、さまざまな角度から少しずつ定義してきました。バウンダリーがどのように形成されていくか、健康的なバウンダリーと不健康なバウンダリーの違い、バウンダリーの生理学についてなど、この本を読む前よりも〈バウンダリー＝境界線〉が身近になったのではないかと思います。

次の章では、バウンダリーを理解する上で欠かすことのできない、〝ニーズ〟について見ていきたいと思います。

ニーズ（欲求）とバウンダリーの関係

あなたは、〝ニーズ〟と聞いて、何を思い浮かべますか？

ニーズとは、私たちが〝生きていく上で必要とするもの〟を指す言葉です。例えば、「ご飯が食べたい」、や「眠りたい」などの本能的な欲求や、「私は○○○がしたい」「より良く生きたい」「愛したい・愛されたい」など誰もが生きいく上で感じる欲求です。このニーズが脅かされると、私たちの内側では何らかの違和感を感じて、自分の〈バウンダリー＝境界線〉の感覚が刺激されます。このように、バウンダリーとニーズには、深い関係があるのです。

私たちが自分のニーズに対して取る行動は二通りあります。一つは、ニーズを満たそうと何かしらの行動を起こそうとすること。もう一つは、ニーズは叶わないと思い込み、ニーズを感じたとしても、それを叶えることを最初から諦めることです。

ところで、「あなたの今のニーズは何ですか？」と尋ねられたら、あなたはすぐに答えることができますか？　実は私たちは、自分のニーズをいつもハッキリと分かっているわけではありません。それどころか、ニーズを感じたり考えようとすると、頭の中にシャッターが降りたように靄がかかり分からなくなるという現象が起こる人はとても多いです。その理由は、私たちは〝ニーズが叶わないと、心に痛みを感じる〟からです。無意識に、「痛みの元であるニーズを感じなければ、痛みを感じなくて済む」と考え、ニーズそのものから目を逸らしてしまっているのです。

子どもの頃を思い出してみてください。ニーズが叶わないことで激しく泣いたり、あるいは衝動を抑えきれずに欲しいものを奪い取ろうとした記憶はありませんか？　幼い子どものニーズには際限がありません。ゆえに私たちの多くが、そのような行動を取り、繰り返し親に叱られたりなだめられたりしながら大人になります。けれども同時に、その繰り返し怒られたという体験が、私たちの中に〝自分のニーズを持つと叱られる、危険である〟という誤解をもたらしてしまうのです。そして私たちは、ニーズが脅かされるかもしれない可能性のあるところに、「私はここまで」と、限界としてのバウンダリーを無意識に形成していきます。そして、自分ではない他者に対して、「私はここまでだから、誰かが私のニーズを満たして欲しい」と無意識に求め始めるのです。

このニーズに対する認識や、ニーズと自分自身の関係性によって、バウンダリーの引き方は大きく変わってきます。

バウンダリーを不健康にする〝ニーズの誤解〟

ここで、「自分のニーズは叶えられるべきだ」と頑なに信じている男の子を想像してみてください。もちろんこれは誤解なのですが、その子がそのまま成長し大人になり、彼の内側で、何らかのニーズへの欲求が高まった時、彼はどうするでしょうか？　幼い頃からの誤解をベースにし、周囲の人たちに対して何ら躊躇することなくそのニーズを満たすための行動を取ったとしたら…。一体どうなるでしょう？

周囲に一切注意を払うことなく、自らのニーズを満たすためだけの行動を取るということは、当然、他者の領域を侵すことにつながります。けれども、大人になった彼にその行動を取らせた子どもの意識は、それを理解することができません。そのため、自分のニーズを満たそうとするあまりに、自分を抑制する機能が健全に働かないということが起こるのです。

例えば、極端な例ではありますが、ストーカーや強盗というのもここに類します。時折、ストーカーからの殺人といった悲劇的な事件が新聞を賑わすことがありますが、これは、「自分の思いは果たされるべきで、そして相手はそれを受け入れるべきなのに、そのどちらもが叶わなかった」という子どもの意識の怒りからの極端な行動から生まれた悲劇であるともいえるでしょう。そしてその下に隠されているのが、前章でお話しした〝甘やかし過ぎる権威者〟によって生み出される無責任さと、〝厳し過ぎる権威者〟に対する強烈な反抗心です。
このように、ごく身近な人間関係のトラブルといった個人レベルのものから、犯罪、または世界的な国と国の争いまで、その下には必ずニーズに対する誤解が横たわっているということを知っておいてください。

では、ここでニーズに対する誤解がバウンダリーの問題と関係性の混乱を生んだケースをご紹介します。

【ケース8】訪問看護の仕事をしています。脊椎の損傷により首から下をまったく動かせないものの、知能は明晰な30代の男性に対するケアに悩んでいます。身体の位置や頭の位置の移動を数ミリ単位で要求され、こちらの対応に納得がいかないと、ヘルパーであろうが看護師であろうが、「お前たちは能無しだ！」ともの凄い怒りのエネルギーをぶつけてきます。「自分で身体を動かせないのだから可哀想だ」と話すヘルパーたち、「一人のワガママばかり聞いていられない」と言う看護師たち…。誰もがこの男性を腫れ物に触るように扱い、「可哀想な人」と関わっている状態で、この方の訪問看護が苦痛でなりません。どう対応するのがベストでしょうか。（訪問看護師・女性）

【アドバイス】まずこの男性は、脊椎を損傷したことにより、自身の身体的なニーズが思うように叶えられないことに激しい苛立ちを持っていることが分かります。そして同時に、ニーズが叶わないことを〝怒り〟で表現しぶつけるというネガティブなループに陥っています。そしてそれが、ヘルパーや看護師といった、本来その方をサポートする立場の人たちの感情的・精神的・社会的安全をも脅かしている状態が相談内容から見て取れます。これは、ケアを受ける側もケアする側も、どちらも互いに健全なバウンダリーを引くことができていないために起こっている機能不全の状態であるといえるでしょう。

この男性は幼少期、権威者＝親との間で同じような関係性を体験した可能性があります。そして、その時に感じていたけれども表現されなかったニーズが、大人になった今、怒りで表現されているのではないかと推測します。さらに、セラピストとして知っておかなければならないことは、ケアする側の〝可哀想〟という憐れみの感覚は、ケアを受ける側にとっては〝屈辱〟として感じられるということです。そのため、ケアを受ける側の中でたやすく怒りに変わります。

けれども、いくらこの男性の立場に立って考えてみたり、男性の気持ちを思いやることができたとしても、繰り返し激しく怒りをぶつけてくる相手に対して平静でいられる人はいないのではないでしょうか。なぜかというと、このような場合、セラピスト側にも、その怒りを引き出しただけの理由があるからなのです。

ケアする側の方たちにも、子どもの頃、現在と似たような状況を体験したことがあるはずです。つまり、目の前の相手（権威者＝親）から、〝一方的に感情をぶつけられ怒られた〟というような体験です。この体験があるために、この男性に対面した時にそれぞれの中で何らかの反応が引き出されてしまっているわけです。そしてこれは、自身の中に眠っている幼少期のトラウマ体験に目を向ける準備が整ったという合図でもあります。

セラピスト自身の内側にある、ニーズが脅かされ、混乱し、恐怖で凍りついたままの小さな子どもの部分をどうぞ優しくケアしてあげてください。ケアする側であるあなたが、自分の中にある、子どもの頃のトラウマの瞬間に持っていた本当のニーズを見つけてケアしてあげるのです。それができれば、この男性患者との間に、真の共感と思いやりのある関係性が生まれてくることでしょう。このような関係性が構築できた時に初めてセラピストは、対応の難しい相手でも、自分と同じ痛みを持つ同じ人間・仲間であると感じられ、心の底から触れ合うことができるようになります。

次は、私の若い頃のエピソードをご紹介します。ニーズに対する誤解が、不健康なバウンダリーを生み出したケースです。

【ケース9】若い頃の私は、恋人は願いを何でも聞いてくれる存在だと信じていました。私が会いたい時は会ってくれるし、悲しい時には側にいて慰めてくれる。つまり、恋人とは私の感情的・精神的なケアをし、ニーズを満たしてくれる存在だと誤解しきっていたのです。感情的・精神的なニーズを満たしてもらう代わりに、私は彼の肉体的なニーズを満たそうとしていました。そして、関係性はそのうち必ずぎくしゃくし始めるのですが、私は、なぜいつもうまくいかないのかがまったく分かりませんでした。自分のニーズを自分以外の誰かに満たしてもらおうとすることそのものが間違っていると気づいたのは、ずいぶん後になってからのことです。この認識を自分の中に持てるまで、長い間、私は男性と健康的に関係性を創造していくことができませんでした。

また私の場合、さらに、〝自分のニーズは自分では満たせない〟という誤解もベースにありました。そのために、相手に自分のニーズを満たしてもらうためには、〝自分も相手のニーズを満たさなければならない〟という交換条件を自分自身に課していたのです。これは、まったくの〝アンフェア・トレード〟です。これを読んでくださっているみなさんの中にも、このアンフェア・トレードに心当たりのある方がいらっしゃるのではないかと思います。これは男女間のみならず、関係性の中で非常によく見られるパターンです。けれどもこれは、自分のニーズと相手のニーズに対して敬意を払い、大切に取り扱うという態度とは真逆の態度です。

そもそも私たちは、〝自分のニーズは自分で満たす〟という責任をそれぞれが自分に対して負わなければなりません。それが成熟した大人の態度です。その責任を取ろうとせず、相手が満たしてくれることを期待、あるいは相手の領域に侵入し要求するという時点で、バウンダリーがしっかりと引けていないことが明らかです。

大人として、他者との関係性を成熟したものにしていくためには、自分のニーズを誰よりも自分が大切にし、他者に満たしてもらうのではなく、自身で満たすという自己責任をそれぞれが負うことが必要不可欠です。これはセラピストとクライアントの関係性であっても同じです。それができない時、バウンダリーは不健康で曖昧なものになり、関係性にきしみが生じてしまいます。

感情とニーズの密接な結びつき

次にニーズと、喜びや悲しみ、怒りや恐れなどの〝感情〟との関係を見ていきましょう。

ここで、人間の脳の成熟についてざっと触れておきます。

脳の中には、〝旧皮質〟と〝新皮質〟という部分があります。旧皮質とは、身体の反応や感覚を司る部分。新皮質は、〝考えて理解する〟部分だと考えてください。

赤ちゃんの頃は旧皮質が優勢で、一般的に、三歳くらいになるとようやく新皮質が成長し始めます。そして第二次性徴期を超えて二十歳くらいまでの間にゆっくり成熟していきます。

また、人間の喜怒哀楽を司っている部分は〝扁桃核〟と呼ばれますが、ここは大体二～三歳頃までに完成します。そして扁桃核から伸びているのが、他者とのコミュニケーションを司る〝大脳辺縁系〟と呼ばれる領域です。私たちが他者とどうコミュニケーションを取るかの基礎となるこの領域は、母親や家族との関係性から大きく影響を受けて形成されます。

幼い子どもは誰しも、「お腹が空いた」「オムツを替えて欲しい」「触れて欲しい」「分かって欲しい」といったニーズを持っています。大脳辺縁系は、人との触れ合いや、このような子どもの基本的なニーズが満たされることによって成熟していきます。けれどもこの時期に十分にニーズが満たされなかったり、あるいは「ニーズを受け止めてもらえない」「分かってもらえない」という体験が繰り返されると、ニーズに対する感覚が歪んでいってしまうのです。

私たちの中でニーズが呼び覚まされる時、同時に感情が動き始めます。同じように、感情が動く時には、必ずニーズも動いています。なぜなら、〝感情〟と〝ニーズ〟は、脳の中の非常に近い領域に存在しているからです。

まず、感情とニーズが密接に結びついていることを知っておいてください。そして私たちの多くが、幼少期に誤解した、「自分のニーズは外側の誰かによって満たされる」という思い込みを、大人になった今もそのまま持ち続けていると気づかなければなりません。この悪循環に気づかない限り、私たちは「他者からニーズを満たしてもらおう」と虚しい努力をし続けます。これらの知識を踏まえ、セラピストとクライアントの関係を見てみましょう。

依存的なクライアントに対して、セラピストが一方的に世話を焼き続けていると、そのクライアントは自動的に無力な赤ちゃんの頃の感覚に戻っていきます。「私は自分のニーズを自分で満たせない」という考えをベースにし、「この人（セラピスト）は私のニーズを満たしてくれる」という誤解の場所に留まるために、クライアントの依存傾向がより強まっていくのです。けれど、私たちが本当に提供したいことはこんなことではありませんよね。繰り返しケアを提供し、その代わりにお金をいただくという関係性を永続的に続けていくことが、私たちセラピストの目的ではないはずです。

私たちの仕事は、クライアントの自立をいかにサポートするかです。そのために、セラピストにとってまず必要なことは、提供するサービスの観点を〝クライアントの自立をいかに育てていくか〟にシフトすることです。この視点に立たない限り、これまでと同じクライアントとの関係性の中にとどめ置かれます。つまり、これまでと同じようにクライアントとの間のバウンダリーの問題で悩まされ続けるのです。さらに悪いことに、それは、あなた自身の成長だけでなく、クライアントの成長も阻み続けることにつながるのです。

セラピストとして常に頭に置いておかなければならないことは、クライアントのニーズは、セラピストが満たしてあげるものではないということです。クライアントが自分のニーズを自身で満たせるようになるためのサポートを提供することが、セラピストの仕事です。

さらにもう一つ、クライアントの感情の責任を取ったりお世話を行うこともまた、セラピストの仕事ではありません。このことをしっかり理解する必要があります。そのためにも、感情をぶつけたりぶつけられたりする関係性をクライアントとの間に構築してはいけないのです。感情の責任を取ったりお世話をするのではなく、クライアントの感情をただ分かってあげる、共感することが大切です。

〝相手の感情の責任を取る〟というのはどういうことなのか、もしかしたら少し分かりにくいかもしれません。私のクライアントである看護師の方から相談いただいたケースが理解のサポートとなるかと思います。

【ケース10】患者さんのためにどんなに尽くしても、痛みや苦しみをすべて取り除いてあげることができないと感じます。そこから無力感に陥ったり、また患者さんの感情に共感し過ぎて自分が落ち込んでしまうこともよくあり苦しいです。（看護師・女性）

【アドバイス】感情に共感することはもちろん大切です。けれどもこの方のように、共感能力が過剰に作用してしまい、相手を救えないという事実によって自分が無力感に陥ってしまうというパターンは、セラピストという職に就いている方に多く見られるように思います。これは、セラピストの幼少期の親子関係に由来しています。

このようなパターンをお持ちの方は、幼少期を少し思い返してみてください。〝ケアする側＝親〟と〝ケアされる側＝子〟という立場が逆転した経験がある可能性が高いです。

親は子どもを愛し、ケアを行う義務があるのと同じように、子どもは親に愛され、ケアされる権利があります。そして幼ければ幼いほど、子どもにとっての親は、生きていくために何よりも大切で必要な存在です。そのような立場にあるはずの親が、自分自身の感情を自分で適切に取り扱うことができなかったらどうなるでしょうか？　例えば、自分の感情の世話を自分でとることができずに、自分より弱い立場にある子どもにその感情をぶつけてしまったら…。そんな時子どもは、親の感情を受け止めて親のケアをしようとします。そうすることで自分の居場所を作ろうとするのです。幼い記憶を遡ってみると、出来事の大小はあるにせよ、そんな体験をしたことのある方はかなり多いのではないかと思います。

子どもは自分の居場所を作ろうと、愛する親をケアしようと心を砕きます。けれども、その努力が実ることは決してありません。なぜなら、自分の感情の責任を取れるのはそれを感じた本人だけだからです。そして、この先には悲劇が待ちかまえているということを、私たちは知っておかねばなりません。自分の感情のケアが自分でできない親、つまり感情的に未成熟な親に育てられた子どもは、親がやっていたそのやり方をそのままコピーします。そしてそのやり方を、大人になっても親と同じように繰り返し続けます。感情をどう取り扱えば良いのか、その方法を誰からも教えてもらっていないからです。そしてその人は、自分が壊れてしまうまで、その方法を繰り返し続けるでしょう。

あなたの感情の責任が取れるのはあなただけです。同じように、お母さんの感情の責任が取れるのも、お母さんだけです。あなたの幸せはあなたの責任、あなたの不幸もあなたの責任です。その責任は、あなた以外の誰に負わせるものでもないのです。

私たちが関係性においてすべきなのは、相手の感情をその人の代わりにケアし、責任を取ることではありません。お腹が空いている人にどれだけ魚を与えても、翌日になればまたその人はお腹を空かせ、あなたの所に魚を求めてやって来るでしょう。けれども、あなたがその人に魚の獲り方を教えることができれば、その人は、自分で自分の魚を確保することができるようになるのです。

私たちは誰しも、自分のニーズと感情を自分でケアし、自分で責任が取れるようにならなければいけません。これは特に私たちセラピストという職業についている者にとって必須であると私は考えています。なぜなら、繰り返しになりますが、セラピストは仕事の場で〝権威者〟、つまり相手に影響を及ぼす立場に立つことが多いからです。ポジティブであれネガティブであれ、セラピストの在り方やバウンダリーは、クライアントに大きな影響を与えます。そのような職業に就いている者として、まずは自分から、ニーズと感情に対する自己責任を取ることを学んでいきましょう。

自分のニーズを打ち捨てると？

そもそも私たちは、〝感情〟というものを誤解しています。

あなたは、感情は厄介なものだと思っていませんか？　感情を持つことで苦しくなってしまったり、感情的反応に溺れて何も手につかなくなったりしたことはないでしょうか。「感情さえなければすべてがうまくいくのに」と私たちは思います。そして、どうしてこのように気持ちが落ち込んだり上向いたりするのか、突然わき起こってくるこの感情的な衝動にどう応対すれば良いのか、それが分からずに私たちは苦しんでいます。

また例えば、顔が赤くなったり青くなったり、さっきまで何ともなかったのに突然気持ちが悪くなったり脂汗が出たりと、感情には必ず肉体的な反応が伴います。そしてこの肉体的な反応は、目の前で現実に起こっている出来事とは関係なく現れることがあるため、私たちはさらに混乱します。そして、私たちは感情を感じることを恐れるようになります。やがてはまだ何も起こっていない状態であるにも関わらず、「感情が上がって来たらどうしよう…」と不安を感じ、感じないようあれこれ策を講じるようになるのです。私たちはそこにたくさんのエネルギーを注ぎ込んでいるわけです。

実は、私たちの身体は理由もなく反応しているわけではありません。その瞬間、なぜそんな反応が起こったのか、そこには確実に理由があるのです。ただしほとんどの場合、その理由は目の前の現実の中にはありません。細胞の記憶として、あるいは脳の中に断片的にあるだけで、目の前の現実が引き金となって反応が起きていることをまず理解してください。私たちの脳は過去の出来事を精巧に覚えています。そして、目の前の現実に引き金を引かれると、過去の記憶そのままに、感情も含めての身体的反応を自動的に再現していくのです。

これに関して、あるクライアントのケースを例にとって説明しますね。

ある若い男性が私のところにカウンセリングを受けにいらっしゃったのですが、その方の主訴は、「とにかく緊張感が取れず、手の平と足の裏に異常なほど汗をかいてしまう」というものでした。仮にAさんとします。詳しくお話を伺っていくと、Aさんはその時、大学院を卒業できるかどうかの瀬戸際で、どうしたら教授に気に入られ単位をもらえるのか、それを考えると不安で夜も眠れないという状態でした。

〝権威者に許可をもらえない〟というその状態から、過去に同じような体験をしたことがなかったか聞いたところ、彼はまず小学校受験で失敗し、中学受験ではかろうじて補欠となったものの同点で補欠だった生徒にジャンケンで負け、希望の中学には入れなかったそうです。

さらに高校受験も第一志望には受からず第二志望の高校に進み、大学受験では一浪して現在の大学に入学。途中二年間留年し、大学院に進んでからさらに二年留年して現在に至っているとのこと。つまり、今年単位をもらえなければ大学院の卒業証書を手に入れることはおろか、希望する道に進むことができないという、同じような進学パターンを繰り返していることが分かったのです。

私はAさんに、そのような体験のさらに向こう側にある、幼少期の記憶の風景がないか尋ねました。するとAさんは、部屋の隅に自分が膝を抱えて座っていて、その前にお母さんが大きく立ちはだかっている風景を思い出されました。お母さんはAさんを見ずに、怖い顔をして前を歩き回っているのです。その情景の中でお母さんの視線がAさんに向けられることはなく、唯一お母さんと目が合ったのが、小学校受験に失敗した瞬間でした。

Aさんは、「お母さんに振り向いて欲しい」「目と目を見て話せる関係性を築きたい」という子どもとしてごく普通で健全なニーズを持っていました。けれども、お母さんの視線が自分に向けられた＝ニーズの叶えられたその瞬間、彼が感じたことはお母さんの怒り、「できない子」といった感覚でした。Aさんは、〝屈辱感の中でニーズが叶う喜び〟という体験をしていたことに気がついたのです。けれどこれはあまりにつらい記憶なため、今までないことにしていました。

このことにより、何かしら自分が成果を出さなければいけないシーンでは、内側では屈辱や喜びを感じることを拒否しながらも、外側では感情を再現するための行動を取り続けるという、身体・感情・ニーズのアンバランスな状態が起こるようになり、自律神経のバランスが狂っていったのです。

このように、感情とニーズの間には切っても切れない関係があります。けれども、感情は悪いもの、厄介なものという誤解を持ち続ける限り、私たちは、自分の本当のニーズを満たすことができません。さらに、ニーズが満たされないと、ブロックとなっていた感情がリリースされることもありません。そのため、パニック症状やうつ症状、またこの方のような異常発汗といった身体的な反応が繰り返し現実の中で起こり続けることとなるのです。

身体的反応を伴って感情が流れようとするたび、私たちの内側からは自然に、その感情をブロックした過去の瞬間のニーズも込み上げてきています。けれども、過去のその瞬間、ニーズが叶わなかったという体験をしているがゆえに、私たちはニーズそのものを「要らないもの」として打ち捨てているのです。

大切なことは、感情を邪魔なものとせずに受け入れていくことです。同時に、過去の瞬間に叶えられなかったニーズを満たしていくこと。そうすることで、混乱したままの身体的反応と感情を分けることができるようになります。本来まったく別のものである、これら二つの間に健康的なバウンダリーが引けないままでいる限り、混乱は現実の中で行動や態度として現れ、他の人にとっては何でもないことになぜか過剰に反応してしまうなど、思うように振る舞えない現実を作り出してしまうのです。

この誤解を持つクライアントとの接し方について、よくいただく相談をケースとしてご紹介しますね。

【ケース11】講師としてセミナーを開催しています。生徒から、「あなたは私の先生なのだから、私が分かるまで面倒を見る責任がある」と凄まれたことがあります。このような場合、どのようにバウンダリーを引けば良いのでしょうか。（講師業・女性）

【アドバイス】何かを学ぶこと、何かを知ろうとすることは、人間の自然なニーズです。知ることによって世界の見方や物の見方が変わりますし、分かることで自分が出来ることが増えていくからです。けれども、例えば東京大学に入学したとしましょう。どんなに優秀な頭脳を持っていたとしても、そこで行われている授業をすべての学生が同じように理解し、受け取り、消化しているとは限りません。なぜなら、人はみな自分が見たいように世界を見ていますし、自分が受け取りたいようにしか世界を受け取っていないからです。このことを、教える側・与える側、つまり権威者側が理解しておくことが必要です。

その上で、このようなケースの場合、その生徒は何が分かっていないのか、どの部分に理解の光が届いていないのかをまずは聞いてみてください。さらに、権威者側が知っておかなければならないことは、その生徒が〝理解〟することと、〝納得〟することは別のことであるということです。

大人の知性の部分では理解しているけれども、何となくズレのある感じや違和感を感じたことはありませんか？　これは、大人の頭では理解できていても、子どもの意識がそれを納得していないということです。そして、この内側のズレ感、噛み合わない感じを何とかして欲しいと要求してくるクライアントがとてもたくさんいるのが現実です。このケースの方もそうですね。そしてその下にはやはり子どもの頃、親（または権威者の立場にあった存在）との間に起こった体験が横たわっています。まだ幼いその方の中に、言語化できないよく分からない感覚が沸き上がってきた時、いつも自分に代わって親がその感覚の世話をしてくれていたか、あるいはまったく世話がなかったかのどちらかだったと思うのです。

まずはそれを見分け、その生徒が自分の中の問題を見つめてみる方向へと導いてあげてください。さらに、「分からない」ということに対して、その方が自己責任を取っていく方向へとベクトルを戻していくサポートをしてください。そのプロセスを通じて、あなたと生徒の双方が成長していくことができるでしょう。

【ケース12】クライアントとのカウンセリングの中で、その方が望むように私が理解できなかった時、「○○さんのセッションでこんな目に遭った」と実名入りでSNSに書き込まれたことがあります。このような場合、どのように対応するのが適切でしょうか。

【ケース13】クライアントのことで悩んでいます。何でもかんでも聞いてくる割に、私が伝えることを湾曲して理解するので結局上手くいかないのです。それなのに、「あなたの言った通りにやったのに効果がない」とクレームをつけてきます。どう対応すれば良いのでしょうか?

【ケース14】セッション中、「私だって頑張っているのにそんな言い方するなんてひどい!」と泣き出し、私が謝罪するまでその状態を続ける方がいます。どうすれば良いのか分かりません。

【アドバイス】これらは三つとも、セラピストとして仕事をされている一人の方からご相談いただいたケースです。このような時はセラピストの中で、年齢の近い姉妹、兄弟との問題でクリアになっていない部分があると考えられます。

これらの相談で感じたことは、小さな子どもが大きな声で「お姉ちゃんがこんなことした！」と叫んでいるような感覚です。子どもというのは、喧嘩した時などいかに自分は悪くないか、いかに相手からひどいことをされたかを周りの人や親に訴えかけようとするものです。あなたも身に覚えがありませんか？　その構図にとても似ていると感じます（後日、この方に聞いたところ、妹さんと子どもの頃とても仲が悪かったということです）。

このように、まだクリアになっていない自分の傷がクライアントによって活性化され、問題が引き起こされるというのは、実はよくあることです。そしてこの時、クライアントに対して何か手だてを講じようとすることはやめてください。むしろ逆効果です。

「お姉ちゃんのせいだ！」と泣き叫ぶ妹に対し、「そんなことない」とどんなに怒っても、あるいはなだめすかそうとしても、起こった出来事を変えることはできません。また、そのような態度を取ったことで余計に親に怒られるという二次的な被害にすら発展しかねません。そして、泣き叫ぶ相手をなんとかしようとするお姉ちゃんの心の中には、「私は悪くないのに」という思い、「なんでいつもこんな風になるの」という不満、「どうしてこんな風になってしまうのだろう」という悲しみなど、たくさんの感情が渦巻いていたことと思います。

こんな時、私がどうその問題に対処しているかをお伝えしますね。

まずは、スーパーバイジングのためのセッションを受けます。目の前で起こっているその出来事から、子どもの頃の未消化の出来事や未処理の感情を見つけだすためです。それが見つかったら、とにかくその出来事や感情に対してワークをします。すると不思議なもので、自分の中の問題がクリアになると現実が変化します。例えば、度々トラブルとなっていたクライアントがパタリといらっしゃらなくなったり、問題だと思っていた出来事を問題だと思わなくなったり、あるいはサポーターや理解者が現れたりして、自然と問題が解決に導かれるのです。仕事・プライベートに関わらず、対人関係の問題が起こった時には、必ず自分の中をもう一度洗い直してください。質の良いセッションを提供する、またセラピストという仕事を続けていく上でこれはとても大切なことです。また、そのようにして自分の中にある問題をクリアにしていくことによって、プロフェッショナルとしての質を高めていくこともできるのです。

【ケース15】セッション後に「まだあなたは若いから」などと、毎回必ず私の人間的な未熟さを指摘するメールを送ってくる方がいらっしゃいます。どんなふうに返信すべきかいつも悩んでしまいます。（セラピスト・女性）

【アドバイス】このようなケースの場合には、セラピストは自分の内側にある、母親との関係性においてまだ気づいていないこと、クリアになっていないことは何なのかを探ってみてください。クライアントとの関係性にもその他の関係性にも言えることですが、今、目の前で起こっている関係性に巻き込まれてはだめなのです。巻き込まれないためにどうすれば良いのかを、クライアントとの問題例で見てみましょう。

まず、現実のクライアントとの関係性の中でしっかりバウンダリーを引きます。具体的には、仕事としての出来事と、自分自身の内側に対しての問題とをきっちり分けるということです。そして、仕事としてのクライアントとの関係性においては、失礼にならないよう敬意と節度をもって接する必要があることを忘れないでください。それは、相手の言いなりになったり、相手を黙らせようとコントロールしようとすることとは大きく違います。そしてクライアントに対しては、クライアント自身が内面に向かう道筋を示し、同時にセラピスト自身もまた自分の内側へと降りていく必要があります。先ほどもお伝えしましたが、現実の世界で起こる出来事はすべて自分の内面のクリアになっていない箇所の現れであるからです。

権威とバウンダリーの関係

ここからは関係性の中で、なぜ上下関係やパワハラ、モラハラ、セクハラなどが生じるのかを解説していきます。

幼い頃、あなたが育った家庭における父親と母親の関係性が、現在のあなたの他者とのパワーバランスに大きな影響を及ぼしています。つまり、両親の力関係において感じていた役割を、現在の他者との関係性に投影しているのです。幼い頃のパワーに対する誤解を目の前の関係性に持ち込み、どちらが上（権威者）で、どちらが下（権威を振るわれる側）かを無意識に決めているのです。

これが、パワハラやモラハラ、セクハラといった行為につながっています。これらを避けるためには、自分自身がどのように権威を持つべきかを自己の内側に確立する必要があります。そうしなければバウンダリーに対する誤解が消えることはなく、関係性は混乱の一途を辿ることになるのです。

両親と男性性・女性性

私たちは誰しも、恋人や夫婦という関係性の中でさまざまな問題を抱えながら生きています。男と女の間にはどう頑張っても分かり合えない、あるいは相容れない、目に見えない壁が立ちはだかっていると感じたことはないでしょうか？　お互いを求め合っているのに、真に健全な関係性を築いていくことがとても難しいのが男女の関係性です。

誰の中にも、〝男性性〟と〝女性性〟が存在しているという話を聞いたことがあるかもしれません。性別が男性であれ女性であれ、私たちは、自分の内側に男性の側面、女性の側面の両方を持っています。そしてそれらのバランスがどこから来ているのかというと、その鍵もまた、幼少期にあります。

人はみな、母親を通して〝世界とはどんなところであるか〟という概念を自分の中に取り込み、父親との関係性を通して〝社会がどのように自分を受け入れ、そして扱っていくか〟を学びます。さらに、自分の男性性をどのように社会に対して表現し発信していくのか、世界に対してどのように自分の女性性を体現し、世界を知覚していくのか、これらの原型を両親から学んでいるのです。

これらは無意識のさらに奥、潜在意識下に内在されるため、日常生活の中で理解されることはほぼありません。けれども、現実に起こるさまざまな問題の下には、必ずこの男性性と女性性のバランスの歪みが潜んでいます。

母親が専業主婦、父親がサラリーマンで、父親の収入で一家を支えているという日本の典型的な家族のモデルを例に考えてみましょう。このようなケースの場合、子どもは、「女性は弱く力がない。男性は強くて力を持っている」という力関係のモデルを取り込んでいきます。さらにもしも、父親が家の中で権威的に振る舞い、母親はそれに対してバウンダリーを引けず、「NO」の声を上げることができないような場合、自分の中の積極性（男性性）を使うことを怖いと感じながらも、実際に自分が権威的な立場に立った時は父親と同じように攻撃的な権威を振りかざすようになります。あるいは逆に弱い立場になった場合、攻撃されても仕方がないと思うようになります。

この他によく見られるパターンとして、立場的には父親が権威者でありながら、家庭の中での実権は母親が握っており、時折、母親の感情的な行動が家族を困らせるというパターンがあります。そのような姿を見た子どもは、「女性は弱いものだが、弱さを武器にして力を行使しても良い」というパターンを自分の中に取り入れます。

また、父親は一家を支える収入を稼いでくるけれども、家の中でまったく力を持っていなかった場合。子どもは自分が権威を持った時に、目下の人たちにどのように対応すれば良いかのモデルを自分の中に持つことができません。そのため、社会に出てからも要求を受け入れることしかできず、いいように使われてしまう可能性が高くなります。

これらはほんの一例ですが、自分の父母の関係性がどのようなものであったのかを感じてみることは、現在の自分の〝権威に対する歪み〟を理解することにつながります。そしてこの自分の中の男性性・女性性の歪みは、そのまま現実のパートナーシップにも適用されているので、それを癒していくことが健全な男女関係にも大切になります。

クライアントとの関係性にも同じことが言えます。両親の関係性から取り込んだ権威の歪みは、他者との間で問題として出現します。もしも問題が起きたら、それはすなわちあなたの内側にあるこの男性性と女性性の歪みを見直す必要があるというサインでもあるのです。

親子の間のバウンダリー

親は愛ゆえに子どもを守り、お世話をしようとします。対して子どもは、親との関係性における無力な自分の立場から、親が子どもに対して願っている役割を受け入れていきます。例えば親が「良い子ね」と声をかけた時、子どもはそれが何なのか、どういう意味なのかは分からないけれど、親が望むように振る舞うことが生き延びる手段だと思うようになります。あるいは、「危ないから気をつけて！」と口癖のように言われるとその子は、「自分は危険から身を守れない弱い存在なんだ」と自身を認識していき、親に庇護してもらうことが生き延びるための手段であると学び、誤解していくのです。

親は子に、〝こうあって欲しい〟という刷り込みを与えます。そして子どもは、望まれるままの役割を受け入れていきます。そしてこの時に習い覚えた役割を、大人になった今も、家庭の中や職場での関係性の中で演じ続けているのです。

このように、子どもの時の役割を今なお無意識に演じ続けていることが、大人としての健全なバウンダリーを引くことを難しくしている大きな原因のひとつです。

パワーと権威の違い

お伝えした通り、私たちは目の前の相手との関係性において、どちらが上でどちらが下であるかを無意識に選んでいます。時にその立場を交替しながら関係性を築いていくのですが、それを選択しているのは、幼少期に体験した力関係と、刷り込まれた役割です。

自分の目の前にいる人は親ではないにも関わらず、なおも幼少期に親の前で振る舞っていた時のように行動し、その時の肉体的・感情的・精神的な反応をそのまま起こし、子ども時代を再現しているのです。こういった関係を〝転移〟と呼びます。私たちの関係性のほとんどは、この転移であることを理解している人は多くありません。

転移のただ中にいる時には、「相手はこのように振る舞うはずだ」と信じ込んで行動し、話しかけたりするため、現実に「今、ここ」で起こっていることとはまったくズレた会話が繰り広げられていきます。そしてそんな時、どこかに違和感を感じながらも私たちは相手に合わせたり、自分に合わさせようと振る舞いがちです。そしてもちろん、この時、本来の健康的なバウンダリーは引けていません。

転移が起きている関係性の中で私たちは、子どもの頃に習い覚えた権威の取り方＝パワーをそのままに行使します。例えば一方的に怒り出したり、突然相手にマウンティングを仕掛たりというように、「今、目の前の人と何が起きているのか」が理解できず、幼少期の権威の体験を転移し、行動してしまうのです。それは相手より弱い立場にある場合でも同じです。他者と一緒にいる時、相手がこのような行動に出たなら、それは転移が起こっている状態だと判断して良いでしょう。

両親との関係性において、〝パワー〟に対する誤解を持ってしまうと、関係性は〝加害者と被害者〟という形に分かれやすくなります。しかし、パワーそのものが悪いというわけではありません。パワーがあると何かに影響を与えることができますし、パワーはやりたいことを達成する手伝いをしてくれるものでもあるからです。

大切なことは、〝パワー〟と〝権威〟が違うものであるということを理解すること、両者の区別をすることです。つまり具体的には、自分が権威的な立場にある時にパワーを行使しようとしないこと。そしてどんなポジションにいようとも、逆に相手より弱い立場にあろうとも、自分自身に権威を持ち続けるということが何よりも大事です。

権威と責任

権威には常に〝責任〟が伴います。言い換えると、あなたが権威と共にある時、あるいは関係性において権威を持つ側である時、常に自らの責任の下でバウンダリーを引く必要があるということです。

関係性において相手に権威を明け渡してしまうと、現実はまったく動かなくなります。ここで前項でお話したパワーが必要になるのですが、大事なことは、自分に力があると感じ、その力とつながるという点です。

誰かに権威を明け渡すことで、まずあなたのバウンダリーはなくなります。そしてまず、自分が何者であるかが分からなくなります。以前、バウンダリーはどこからどこまでが自分の責任で、どこからが相手の責任かを明確にしてくれるものだというお話をしたかと思います。ゆえに、バウンダリーがない所では関係性に混乱が生じます。

このような〝権威を誰かに明け渡してしまっているクライアント〟に対する場合、バウンダリーを引く責任は常に権威者側にあります。セラピストとクライアントの関係性においてはもちろん権威者の立場にあるのはセラピストですので、今、これを読まれているみなさんにバウンダリーを引く責任があるということなのです。

〝バウンダリーを引く〟と、ひと口に言っても、厳しいバウンダリー・硬いバウンダリー・やわらか過ぎるバウンダリー・透過されやすいバウンダリー・曖昧なバウンダリー・巻き込まれてしまうバウンダリーなど、その種類はケースバイケースで千差万別です。そして今挙げたものはすべて〝不健康なバウンダリー〟です。では、〝健康的なバウンダリー〟とはどういうものを言うのか？　そしてどう引けば良いのか？　というと、その答えはたった一つ。その場所で〝ただハートを開いていき、人と人としてそこに存在していく〟こと、それに尽きるのです。

バウンダリーを引く責任が権威者側にあるのは事実なのですが、だからと言って、クライアントが向けてくるさまざまな要求やニーズを全部叶えていくことがセラピストの仕事であるわけではありません。今、この本を読んでくださっているセラピストのみなさんは、関係性の中で、クライアントは必ず多くの要求やニーズを向けてくるということを体験として分かっていらっしゃることと思います。けれども、クライアントの〝本当のニーズ〟を知り、それを叶えることができるのはクライアント自身であり、セラピストではないということを忘れないようにしてください。

セラピストがすべきことは、ただハートを開いてクライアントと共にそこにいて、何が問題なのか、何が起こっているのか、どうすれば良いのか、クライアントに共感しながら、愛と敬意を持ってバウンダリーを引くということです。

これが、セラピストとクライアントの関係性における健康的なバウンダリーの引き方です。責任を自分が持ち過ぎず、かといって責任を放棄することなく、ちょうど良い塩梅の場所に立つことがとても大事になっていきます。

より良い関係性を築くために必要なこと

これまで見てきたように、仕事・プライベートを問わず、私たちは誰しも他者との関係性に悩み、良い関係を築きたいと願っています。ここでお伝えするのは、今よりさらに他者とより良い関係性を築くためのポイントです。それは、〝自己責任の取り方〟にあります。

例えば、仕事の場で他者と協力的に仕事をしていくためには、お互いの〝責任〟と〝労働の領分〟を分ける必要がありますよね。また、プライベートの関係性であっても、それが親子、恋人、パートナーであれ、人はそれぞれ違った考えや個性を持つ違う人間なのだという意識を育てることはとても大切です。そこに〝依存〟や〝支配〟が生じると、関係性はいびつに歪んでいき、問題が引き起こされます。精神の健康を保つためには、自分には尊重されるべきパーソナルスペースがあると知っていることが前提条件です。さらにこのパーソナルスペースとは自分だけでなく、すべての人が持っていて、同じように尊重されるべきであるということも理解しなければなりません。

けれども、何度も説明して来た通り、私たちの多くは幼少期に経験してきた家族や他者とのバウンダリーの誤解を持っています。そして、子ども時代の環境においてはそれが普通であったために、中々その誤解に気づくことができません。ゆえに、他者との間に何らかのバウンダリーの問題が起こることで初めて、そこに向かい合うことになるのです。

関係性において、どちらかが自分を超えて相手の方に飛び出していくと、それはすなわち境界線を脅かすこととなり、問題はこじれていきます。これをクライアントとの関係性にあてはめてみましょう。クライアント側が、「お金を払ったのだから何をしても良い」という態度を示してきた場合、それは健康的なバウンダリーであるとは言えません。このような時、クライアントは〝クライアント〟というバウンダリーを超えて、セラピスト側に侵入していきます。**ではここで、いくつかのケースを紹介します。**

【ケース16】「お金を払ったのだから、責任を持って私を癒してください」とクライアントに言われた場合、どう対応すれば良いですか？（カウンセラー・女性）

【アドバイス】そのクライアントはご自分を癒すために、あるいは特定の問題をクリアにするため

にお金を払ってあなたのセッションを受けにいらっしゃいました。けれどもそれは、クライアントの人生すべてを引き受けなければならないということではありませんし、クライアントが心から満足するまで尽くさなければならないわけでもありません。なぜなら私たちは誰しも、自分自身の判断の責任は自分で負わなければならないからです。つまり、クライアントが心から望むような施術をしてくれるセラピストに巡り合うことができなかったとしても、それはその人の判断が間違っているからです。その方のニーズに１００％応えることのできないセラピストに非があるわけではありません。

このようなことがないよう、常に技を磨き知識を増やしていくことがプロフェッショナルであるということは大前提です。けれども、それでもなおクライアントに十分応えられなかったとしたら、その代償としてその方はもう二度とセッションを受けには来ません。そしてあなたは、そのことによって自分が十分にプロフェッショナルではなかったという責任を取ることになります。つまり、クライアントとセラピストでは、自己責任を取る場所がそれぞれ違うのです。

【ケース17】セッション時間が終了しても、なんとか粘ったり、あの手この手でこちらを引き留めようとするクライアントがいます。どのようにバウンダリーを引けば良いでしょうか。（エネルギーワーカー・女性）

【アドバイス】私にも同じ経験があります。私はセッション枠を一時間で設定しているのですが、ある時、時間内にクライアントが満足する結果が出なかったことがありました。それについてご自身も納得ができず、おそらくスッキリもしなかったのだろうと思います。けれども、時間内にセッションが終わらなかったのは、その方が私の提案を受け入れなかったり、あるいはご自身の内側の見るべきポイントをどれだけ提示してもスルリと逃げてしまったことが原因でした。そのような態度を取り続けた結果、セッションそのものが同じ場所をぐるぐる回り続けることとなり、着地点が見えないままに終了の時間を迎えたのです。

クライアントが満足されていないことは十分に分かっていました。けれども私は、「そろそろ終了の時間になりますのでセッションはここまでですね」と静かにバウンダリーを引きました。その方は継続して受けてくださっていましたが、今回の結果を受けて、もしかしたら今後はもう来てくださらないかもしれないということを私は受け入れなければなりません。ここが、私が自己責任を取るべき場所です。クライアントを理解に導くことができなかったことは、プロとしての私自身の問題だからです。

けれどもその方は、「私はセッション代金としてこれだけ払ったのよ」「時間が来たといっても結果は出ていない」と、とにかく粘ってきました。私がいくら「もうセッション時間を過ぎています」「次の予定があるので」と言ってもまったく聞く耳を持たないのです。しかも、意図的に私を怒らせようとしているのかと思うくらい、とても失礼な言葉や態度を取り続けました。そこで相手の挑発に乗って怒りで返すのは簡単ですが、私は、満足のいくようにセッションを進められなかったのは私の未熟さゆえの結果であること、私にはあなたのケースを扱えるだけの技量がないようだと正直に認め、何度も謝りました。最終的にその方は私の謝罪を受け入れ、セッションはようやく終了しました。

このように、セッション時間内にクライアントが求める結果を出すことができなかった場合、相手は必ず何らかの代償を求めてきます。そのような時に考えられる解決方法としては、①代償として時間を与える（延長する）、②セッション料金を返金する、③相手の期待に応えられなかったことを素直に認めて謝る、というものが考えられます。私のケースの場合③を採用したわけですが、これはその方との関係性やセラピスト自身の経験値や本来の力量など、さまざまな要因が関わってきます。

このようなケースに遭遇した場合には、まずはこの中から、双方にとって最適な方法は何かを探してみてください。

愛のために必要なバウンダリー

あなたは、〝愛〟と聞いて何を思いますか？
私たちの先祖のそのまた先祖から、人間は愛について考え思い悩んできました。ギリシャの偉大な哲学者ソクラテスも、実存主義の思想家ニーチェも、愛について語り、愛について悩んでいますよね。愛とは一体何なのかというテーマは、人間にとって一番興味のある、そして永遠に答えの出ない問いなのかもしれません。私が愛について一つだけ言えることは、愛を愛のまま育てていくためには、バウンダリーが絶対に必要だということです。

大事な人から何かを頼まれた時に、「NO」の意思表示をすると、「相手を傷つけてしまうのではないか？」という考えはまったくの誤解であることは以前にもお話ししました。愛はそもそも行動ではなく感覚です。〝Being〟であって〝Doing〟ではないのです。そして、愛という状態、その感覚の中に居続けることは非常に難しいことでもあります。よほど安定した状況の中で安心している時でなければ、愛の感覚の中に留まり続けることはまず不可能でしょう。考えてみてください。どんな聖人君主であったとしても、常に周りに砲弾が飛び交っているような戦場でも愛のままでいられる人はいるのでしょうか？

インドの聖人、マハトマ・ガンジーはそれを成し遂げた数少ない人のひとりです。彼は、まさに圧倒的な暴力の中で、ただ〝愛でいる〟ことにチャレンジし続けた人です。例え自分の息子が殺されても、自分が愛の状態でいられるのかどうか？ 誰も彼を真に怯えさせ、怖がらせることはできませんでした。そして、彼を見た多くの人の中にもまた、たくさんの痛みや悲しみも生み出しましたが、それでも愛を選択し続けました。相手がどう感じるかに合わせようとすることは、自分の中の愛に反することであるということを、よく分かっていたのです。生涯を通じてただ愛の状態でいることにチャレンジし続けた彼は、本当に素晴らしい人でした。

相手に愛を求める時、私たちは自分の領域から外に出ています。相手が愛を与えてくれないと悲しむ時、私たちは、相手を自分の領域の中に引き込もうとしています。どちらもバウンダリーを揺るがす行為ですので、一時的にその試みが成功したとしても、永続的な愛の状態を保つことはおそらく難しいでしょう。なぜなら、そのような状態でいる時、私たちは自分一人で愛の感覚を保つことができないからです。

誰かを真に愛するということは、「相手がこのような人だから愛している」、あるいは「私はこんなふうだから愛されない」ということとは遠くかけ離れています。例えば母親は、自分の子どもが良い子であっても悪い子であっても、どんな子であったとしても愛することをやめることはできません。子どもに対して口やかましく叱っているとしても、その下にあるものは愛です。けれどもこの愛という〝Ｂｅｉｎｇ〟の状態と、口やかましく叱ってしまうという〝Ｄｏｉｎｇ〟の状態は、まったく別のものです。この二つの間にバウンダリーを引いて明確に分けてみることができますか？　しっかりと分けることで、私たちは初めてそこに愛があったことに気づくことができるのです。

外側へのバウンダリーの引き方

ここで、自分以外の誰かがバウンダリーを超えて自分の領域に入って来た、あるいは入って来ようとするなど、バウンダリーが脅かされたことを想像してみてください。何を感じますか？　前述の通り、あなたの中には〝怒り〟という感覚があるのではないかと思います。この怒りが、そこにあなたと相手との間の境界があることを教えてくれます。他者との健全な関係性を築くためには、まずこの境界のラインを明確にし、自分がこの境界から外には決して出ないようにする必要があります。

例えば、どんなに親しい間柄にある人であっても、お互いの意見や価値観がぶつかり合うことはあると思います。そんな時に相手が、「あなたも私の思う通りにするべきだ」「私と同じように考えるべきだ」と言ってきたとしましょう。もしもあなたがそれに同意することができなければ、「私の意見は違う」「そうは思わない」と自分の意見や考え方を述べるのはとても大事なことです。けれども、「間違っているのはあなただ」「あなたこそ意見を変えるべきだ！」などと返してしまうことは、目の前の他者に対してバウンダリーを超えてしまう行為です。相手に「あなたも私と同じように考えるべき」と言われたら、多くの人が怒りを感じると思います。それと同じやり方で返すということは、同じやり方で相手に侵入していることになるのです。この応酬は、終わりのない戦いしか生み出しません。

ではこのような場合、どのように外側＝他者に対してバウンダリーを引けば良いのでしょうか？「あなたはそう思っているのですね（私は違いますが）」、あるいは「あなたはそう感じているのですね（私は違いますが）」という受け取り方をしてみてください。相手を変えようとするのではなく、自と他を分けつつも双方に敬意を払うやり方です。これにより、相手も自分と同じ考えや感情を持つべきだという非言語的態度で他者に侵入していくことはなくなります。

私たちは、自分の外の世界における他者との関係性で、このようなネガティブなやり取りを無意識の内にしていることが多いものです。このように相手のバウンダリーを超えてしまうことは、バウンダリーというものを誤解している、あるいは理解していないからです。この、誰の中にもある誤解や無理解を変える方向へと自分の意識を向ける努力をすることが、成熟した大人の取るべきやり方です。どんなに仲が良くとも意見が違うのは普通のことですし、そもそも感じ方や考え方は千差万別であるということは、頭では誰もが分かっていることだと思います。それにも関わらず、自分の感じ方が何よりも正しく、他の人の感じ方は間違っているという論法は、よくよく考えればおかしいですよね。

私たちはそれぞれ、一人ひとり皆育った環境も、今置かれている状況も違います。考え方や思想が画一的であるはずがありません。私たちはそれぞれがお互いに違う人間で、違う価値観を持ち、人の数だけ違う物の見方があります。


違いがあるからこそ、より人間関係は楽しいのだと受け止めることができれば、その次の段階が私たちの中に生まれます。その違う意見の下にあるものは何なのか、なぜその人がその考えを持つに至ったのかを理解しようとする、つまり、その人そのものを理解していこうとする姿勢が生まれるのです。

そうして初めて、相手とのバウンダリーの取り方が健全で健康なものへと変わっていくのです。

内側へのバウンダリーの引き方

ここまで、外側（他者）に対するバウンダリーの引き方を中心にお伝えしてきましたが、ここでは、外側にバウンダリーを引くためにとても重要になる〝自分の内側に対するバウンダリーの引き方〟について詳しくお話していこうと思います。自分の内側にバウンダリーを引くという言葉も概念も、耳新しいものなのではないでしょうか。

多くの人が、バウンダリー（境界線）は自分の外側だけに引けば良いものだと思っています。けれども何度かお伝えした通り、自分の内面が混乱していると、健康的なバウンダリーを引くことができません。言い換えれば、外側に健康的なバウンダリーを引けない状況がある時には、必ず自分の内側に何かしらの問題があるということです。外側に引くことを考えるよりも、まずは内側が大切になります。

分かりやすい例を挙げてみますね。例えば内側に〝愛〟に対する誤解があった場合です。「愛とは奪うもの」と思っている人は、外側に対して、つまり愛する人に対して奪っていこうとします。「愛とは我慢すること」だと思っている人は、外から何をされたとしても我慢するので、バウンダリーを超えてやすやすと他者に入って来られてしまいます。

バウンダリーには、外側の世界に対して発生する12のバウンダリーと、自分の内側でクリアに分けるべき五つのバウンダリーがあります。この内側の五つのバウンダリーとは、①肉体的（物理的）バウンダリー、②感情的バウンダリー、③精神思考的バウンダリー、④エネルギー的バウンダリー、そして⑤霊的バウンダリーです。

この五つのバウンダリーの領域を自分の内側で明確にセットし、それぞれを分けることができないと、外側のバウンダリーの誤解がクリアになることはありません。私たちは自分の内側を外側に映し出して現実を創っていますから、まずはこの内側のバウンダリーに対する誤解に対処していかなければ、外側で現実として起こる不具合はいつまでたっても変わることがないのです。

現実を創造する〝内側のバウンダリー〟

では、この五つの内なるバウンダリーについて説明していきましょう。

生まれてすぐのまだ赤ちゃんの頃、私たちは自分と他者との区別がついていません。成長するにつれ、次第に「お母さんと私（僕）はどうやら違う人間らしい」ということに気づきます。そして、どうしたら相手（両親）の気を引けるのか、どうやって自分の望む関係性を築いていくか、あれこれチャレンジを重ねていくのです。これが、発達段階において私たちの誰もが通ってきたステップです。

このステップを踏む中で、私たちの内側では言語化できない、理解して表現することもできないさまざまな感覚が生まれていきます。そのモヤモヤとしたよく分からないままに存在しているそれらの感覚が、多くの人の内なる肉体的（物理的）・感情的・精神思考的・エネルギー的・霊的バウンダリーです。その感覚が何なのかよく分からない上に、そもそもその感覚があることが普通だと思っていて、そんなものがあることにすら気がつかないまま、私たちは大人になります。

繰り返しになりますが、私たちはそれらを外に映し出し現実をつくっています。内面でこの五つが癒着したり、混乱していると、必ず現実に問題を創造してしまいます。つまり逆を返せば、この生まれた時から私たちの内側にある感覚を理解し、クリアなバウンダリーを引けば、問題は解決していくということです。

例を挙げて説明します。他者との関係性において、相手の言っていることや気持ち、置かれた状況も十分理解できるけれど、「何だか納得がいかない…」という経験はありませんか？なぜ納得がいかずモヤっとしてしまうのか、それはあなたの内側で、精神思考的な領域では理解できている（バウンダリーが引けている）けれども、感情的な領域がクリアになっていない（バウンダリーが引けていない）ためです。自分の感じた感情や感覚を「ああ、そういうことなんだ！」と内側で理解することができれば、相手との問題すらどうでもよくなってしまうほどスッキリすることでしょう。自分が深く納得できるか否かが着地点です。

別の例を挙げてみましょう。

日々の生活の中で、こんなことはありませんか？　例えば、「キッチンが散らかっているからそろそろ片付けなければ」と思っているのにそんな気持ちになれず、身体が動かない。朝、目が覚めて布団から出て、仕事に行く準備をしなければならないのに身体が動かない…。このように、頭では「こうしたほうが良い」と分かっているのに、なぜか身体が動かないということは、誰にとっても身に覚えのあることではないかと思います。

言葉にしてみると、自分の「こうしなければ」という思考と、気持ちが対立している状態にあるということはみなさん理解できると思います。けれどもこの時、自分の内側で一体何が起こっているのかに気がつくことは難しいのではないかと思います。では、なぜこのようなことが起こるのか、そこに焦点をあててみましょう。

私たちの心や思考は目に見えません。それゆえに私たちの多くは、それがどのようなものであるのかを知りません。私たちの内面の世界にはそれぞれ感覚に応じた領域があり、瞬間ごとに、その領域を行きつ戻りつしています。自分の内側にバウンダリーを引くために必要なことは、まず、この心の内側の領域を知り、それらがどのように移り変わっていくかを理解していくことです。理解することで、次にそれらを知覚するという段階に移行することができます。理解し、知覚することができるようになれば、自分の内面にあるゴチャゴチャと散らかった事柄や片付いていない問題を整理し、それぞれにバウンダリーを引くことができるようになります。するとようやく、雑多に絡み合った問題を一つひとつ違うものとして分けて考えることができるようになるのです。

まず、特に混同されやすい領域を挙げます。〝肉体の感覚〟と〝感情〟は別です。〝思考〟と〝思想〟も違うものです。これらの間にバウンダリーを引き、別々のものとしてしっかり分けてみるというチャレンジをしてみてください。難しい局面にいる時でも、これらを知覚し違うものとして分けることができれば、巻き込まれなくて済むようになります。

おそらく今、読者の中には「知覚するってどうやるの？」と心配になっている方がいるかもしれません。どんな人でも、それには訓練が必要です。それぞれに対して、「これは私の身体の感覚」「これは感情の動き」「これはこの状態での私の思考」「その思考に関わる私の思想はこんな感じ」と、とにかく分けてみる経験を重ねてください。これまで同じものだと認識してきているので、最初は難しいと感じるかもしれません。けれども、訓練によって必ず分けることができるようになります。

身体の感覚を、ただ〝身体の感覚〟だと知り、感じている感情を愛で受容し、深い慈しみを持ち思考を理解し、思想に対しては、「私はこんな風に世界を見ているのか」と俯瞰的な目で見つめてみるのです。身体感覚、感情、思考、思想の間に目に見えないバウンダリーを引き、しっかりと分けることで、今、目の前に起こっていることに無自覚に巻き込まれることがなくなります。

このようにして、自分の内側に明確なバウンダリーを引くことは、真に心を成熟させていくためにとても大切なことです。いつもクライアントとの関係性で同じような問題が起きる場合、まずは自分の内側に目を向けてみてください。そして、自分の内側のどの部分にまだクリアになっていない問題が潜んでいるのかを探ってみてください。問題はクライアントにあるのではなく、関係性にあるのでもなく、自分自身の中にあるのです。この新しいアプローチを取り入れることによって、困った事ばかりが起こる人生から、自分の望む人生を生きることにシフトチェンジすることが可能になります。

先ほどの、「片付けたいのに片付けられない」、「こうした方が良いと頭では分かっているのに出来ない」という例を解説しますね。これは、幼少期に親や兄弟、姉妹との関係性の中でストレスを感じていたことが原因だと考えられます。例えば親に、「早く部屋を片付けなさい！」「きちんとしなさい！」と言われストレスを感じていたとすると、今度は自分自身が自分の内なる子どもに向かい、「片付けなさい、きちんとしなさい！」と横柄に振る舞うようになります。この心の状態が長く続くとどうなるでしょうか？　萎縮し、生き生きと心から楽しんで何かを行うことができなくなっていきます。

外側の関係性、特に親との関係性で常日頃何を言われていたのかに目を向けることは、現在の現実の不具合を変えようとする時にとても大事なことです。幼い頃の親との関係性の中のその部分を癒さない限り、パターンが変わることはありません。

私自身の体験もお伝えしましょう。

私はドライブが好きなのですが、時折ある瞬間に、突然に怖くなることがあります。身体が硬直し、無意識に「怖い」という声が出て思わず助手席の左上にあるグリップにつかまってしまうのですが、これは運転者が男性である時のみに出る反応です。なぜ自分にそんな反応が起こるのか、気がついているトラウマの記憶は10年くらい前のある出来事です。


その頃の私は岐阜県内の、田舎といってもいいのどかな地域に住んでいました。街灯がなく、夜になると真っ暗になってしまう道もたくさんありました。家族で夕食を食べに行った帰り道、ハンドルを握っていた当時の夫と私はちょっとした言い争いになりました。助手席に座る私の身体の中はアドレナリンが出て興奮状態でしたが、その時、真っ暗な山道の遠く左側から一台のトレーラーが出てきたのを私の目は捉えたのです。それは長いトレーラーで、私たちの車の行く先を塞ぐような格好でこちらに曲がってきました。私の「止めて！」と言う叫び声で彼は慌てて急ブレーキを踏み、寸前で衝突の難は逃れたのですが、それ以来、私は男性が運転する車の助手席に乗ることが怖くなってしまいました。

その後の人生を通して私は自身を癒すことに取り組んできたので、その反応は随分と薄れてはいましたが、それでも時々、自分でも驚く程の反応が身体に起きることがありました。そんな中で気がついたことが、〝丸いライトのついたトラック〟が対向車線を走っている時に反応しているということでした。もうみなさんはお気づきかもしれませんが、過去のトレーラーにも、目玉のような丸いライトがついていたのです。違う車であるにも関わらず、対向車線で丸いライトがついているトラックを見るたびに、身体はトラウマの記憶そのままに座席から飛び上がりそうな反応をし、思考はその反応についていくことができず、感情は過去のあの瞬間の恐怖と怒りでいっぱいになっていました。

けれども、もしも私がこの、身体、感情、思考それぞれがバラバラであることを分かっていなければ、きっと、なぜいつもこのような反応をしてしまうのか、すべてが混同されてしまって理解できずに悩んでいたのではないかと思います。私が悩まずに済んだのは、自分の反応に無自覚でいることをしなかったからです。つまり、自分の思考と、身体の反応と、感情はまったく別のものであるということを知っていたからこそ、私は目の前の現実に対して冷静に分析することができたのです。

これが、〝自分の内側にバウンダリーを引く〟ということです。これができていなければ、愛するパートナーの運転する車に乗ることもできず、ともすれば自分の過剰な反応をパートナーのせいにしてしまっていたかもしれません。

そして、思考や感情はさらに詳細に分けていくことができます。思考は、過去と現在の思考との間にバウンダリーを引くことで、両者が違うものであると気づくことができます。感情も、例えば私のこの例の場合、怒り、恐怖、隣にいるパートナーへの愛情、信頼、それぞれの間にバウンダリーを引くことによって、内面の混乱がスッキリします。こうすることで自分の心の取り扱い方が容易になるのです。

ここまで内面にバウンダリーを引くことができると、現実に起こっている出来事と自分との間に健康的な接点を持つというチャレンジをすることが出来るようになります。どういうことかというと、内面的バウンダリーがしっかりと引けていない状態にあると、自分の態度や反応は過去の延長線上にしかないために、とても限定されたものとなってしまいます。けれども、過去の反応をそのまま無自覚に繰り返すことをやめると、新しい反応、新しい態度で出来事に関わっていくことができるようになります。それが、外側に起こっている出来事と自分との間に健康的な接点を持つというチャレンジです。

丸目のライトのついたトラックに震えるのではなく、「これはいつものあの反応だから、今度は違うやり方を採用してみよう」というチャレンジに向かうことが出来るようになるのです。すると、その先の未来も自ずと変わってきます。

〈内側のバウンダリーを引くためのミニワーク〉

1) 突発的な出来事に遭遇した時、または感情的反応が起こっているその瞬間、自分の意識を目の前にいる相手や状態ではなく、自分の内側に向けていきます。

2) 自分の身体を感じ、大地にしっかりと立つようなグラウンディングの感覚を持ってください。そして、身体の中に起こっている反応に注意を向け、自分の中で何が起こっているのかを見ていきます。

3) 身体を感じながら、頭の中のおしゃべりを俯瞰します。この時、思考＝頭の中のおしゃべりに意識を持っていかれないように注意することが大切です。

4) 次に、今、自分がどんな感情を持っているのかに意識的になってください。もしもこの時「怖い」と感じていたとしても、そこに無理に引っ張られないようにしてください。感情を感じるためには体感覚が必要です。その感情が身体のどこで震えたり硬くなったりしているかという、客観的な事実に気がついていってください。

5) その感覚が、今目の前にいる相手や状態から起こることと関係していますか？　それとも、過去の出来事から来ていますが？　それを検証してみてください。

★バウンダリーを強めていくためには訓練が必要です。それぞれの領域の癒しに対応する最適なワークやスキルはこちらからご覧ください。

肉体的：BTS（ブレイントランスフォーメーション・スキル）
感情的：プロセスグループ
精神的：SAS（セルフアウェアネス・スキル）
エネルギー的：ヒーリング
霊的：STS（セルフトランスフォーメーション・スキル）
詳細はコチラ https://characterogy.com/curriculum-index

12のバウンダリー

バウンダリーは日常のさまざまな場面に存在します。ここでは、その中でも特に覚えておくと良い、〝12のバウンダリー〟を取り上げ、どんなものであるのかをお話しします。この〝12のバウンダリー〟は、肉体的（物理的）、感情的、精神思考的、エネルギー的、霊的、性的、社会的、役割的、時間的、空間的、社会・環境的、そして、金銭的バウンダリーです。一つひとつを解説していきますね。

肉体的（物理的）バウンダリー

肉体的バウンダリーとは、例えば自分の皮膚や衣服、また物理的には家の窓や壁、隣家との境界線、市区町村を隔てる境界線、国と国とを分ける国境といった、自と他を分けるラインのことです。これを侵害された、あるいは脅かされたと感じると、私たちは危機感を感じます。そしてその危機感は、生命の危機にも匹敵するほどの強い感覚であるため、いとも簡単に怒りと恐怖へと変化していきます。生きていくために、私たちは何よりも生命の安全を本能的に優先するからです。

しかし、肉体的なバウンダリーを脅かされたと感じた時には、すでに問題は深刻なものとなっていることが多いのが事実です。個人を超えた大きい視点から見ても、例えば家と家との境界線、国と国との国境線を巡る問題など、肉体的(物理的)なバウンダリーを超えるような事例を解決することは非常に難しくなります。その解決方法として、裁判や戦争といった方法が採用されると、問題はより深刻度を増していきます。

身近な例を挙げてみましょう。子どもが何かしら親の意に沿わないことをした時、しつけと称して体罰であるとか家の外に出すとかいった暴力的な方法を親が取った場合、これは肉体的バウンダリーの侵害です。肉体的に痛みを感じるようなことや、また子どもが「このままでは自分は生き残れないのではないか」と恐怖を感じるような行為はすべて肉体的バウンダリーの侵害なのです。暴力や痛みのある所には肉体的な生存に関わる恐怖が生まれます。私たち人間が人間である由縁は、知恵があるということです。ですから、そのような難しい状況においてその知恵を使い、肉体的バウンダリーを侵害しなくても良い方向性を探し提案し選択し続けるということは、人間にしかできないことを知っておいてください。

もうひとつ私の経験をお話ししますね。道を歩いていた時に、通り過ぎた男性の腕が私の身体にあたり、突然の痛みを感じたことがありました。相手はただ自然に伸びをしたり腕を回していただけかもしれませんが、私は突然のボディブローを食らってしゃがみこんでしまったのです。その瞬間、自分の内側から怒りが湧いてきて、相手を睨んだのを覚えています。相手の男性はと言うと、そんなつもりはなかったのに見知らぬ女性に睨まれたことで怯え、そのまま逃げて行きました。

このように、肉体的バウンダリーを侵害された時にとっさに起こる感情的反応（怒り、睨む）は、連鎖的に相手の行動（怯え、逃げる）を引き起こすことがあります。肉体的バウンダリーを侵害される行為や行動が争いの火種となりやすいのはこのためです。

感情的バウンダリー

文字通り、感情や感覚、他者や物への感情的な執着に関わるバウンダリーのことです。といっても、何のことだか分かりにくいですよね。

例えば、あなたが何か感じていることに対して、他者から「そう思ってはいけない」と言われた、あるいはその感覚が間違っていると非難された時、あなたの感情的バウンダリーは侵害されています。また、特に親子の間で起こりがちですが、親が子どもの感じている感覚や感情を奪ってしまう、つまり子どもが何を感じているのかを親が決めつけてしまうことも、感情的バウンダリーの侵害です。

さらに、私たち人間は他者や物に感情的な執着を持つことがありますよね。例えばパートナーが浮気をしたとします。すると私たちは、自分の愛や執着の感覚が脅かされたと感じ、それが怒りや嫉妬という形に変化するのです。

感情的バウンダリーを自分が侵害したり、反対にされたりということを防ぐには、まず、それがどのようなものであれ、自分が感じていることを、そのまま受け入れることが大切です。ただ、「私はこう感じているのだな」と、その感覚を身体を通して感じ、それが肉体的にどんな反応として表れているのか感じ、知ることです。そしてさらに大事なことは、その感情反応を起点として、自分の領域を超えて外に向かって行動しないことです。それを心に留め置いてくださいね。

具体的な例を挙げてみましょう。子どもの頃、転んで痛いのに「痛くない痛くない」と言われたり、本当に悲しくて仕方のない時に「そんなことで泣くのはおかしい」と言われたり、あるいは辛くて苦しくて悲しくて仕方ないのに、「そんなふうに感じるのはおかしい」と決めつけられたり、こんな経験は誰にでもあるのではないでしょうか？　そんなふうに言われると、私たちは怒りを感じる一方でどうしたら良いのか分からなくなり混乱します。

感情というのは、肉体的な体感覚を伴ったセンセーションとして知覚されます。こんなふうに言われたことで、子どもは自分の感じているものがおかしいと誤解し、肉体的に起こっている何らかの動きを止めようと、筋肉に力を入れて身体を硬くします。このようにして、ある特定の感情が動いた時にその都度筋肉を硬くして止めるという体験を繰り返していくことで、感情が動き始めると身体を硬くして感情を動かなくさせるという、二次的な反応が私たちの中で固定化されていってしまうのです。

この反応の悪影響は計り知れません。今、自分が何を感じているのかが分からなくなります。人間が無数に持つありとあらゆる感情を、体感覚を伴って感じられなくなるのです。その結果、感情表現が乏しくなり、人間らしく行動することが阻害されていってしまうのです。感情的バウンダリーの侵害がいかに深刻な状態を引き起こす引き金となっていくか、分かっていただけたかと思います。逆説的な余談ですが、うつ症状に陥った人が感情を溢れさせた後に動けるようになるのはこれが理由です。感情は自分自身のものです。感情を感じるのは生き物ならばごく自然な反応です。それを、私たち一人ひとりが理解し、子どもたちに教えてゆかなければなりません。

以前、感情のワークショップを開催していた頃に、参加者によく話していた例え話をお話しますね。

感情とは、〝オナラ〟のようなものです。オナラというのは、その人の元々持っている身体という土壌と、前日に食べた物、そしてその日の体調によって臭いが変化し、あるいは音がしたりしなかったりしますよね。人前でオナラが出そうになった時、お尻や身体に力を入れて出ないようにしたことはありませんか？　このように恥ずかしいからとオナラが出ないように不必要な緊張感を身体に持たせることで腸の動きが阻害され不活発になり、その結果、便秘になっていきます。便が排出されなくなると腸の中に悪玉菌が増え、オナラはさらに臭くなります。それでもオナラを出さないようにしていると、いずれ体臭がオナラに変わっていくのです！　ですので、自然な反応として、出るものはそのままにしておくことが健康上とても大切なことです。

もう一度、〝オナラ〟を〝感情〟と置き換えて読んでみましょう。

バウンダリーを超えて他人の感情を変えようとする人、または他人の感情を奪ってしまう人、他人の感情の影響を過剰に受けてしまう人がいますが、このことも、感情＝オナラとして考えてみてください。人がしたオナラを「それは私のものだ」とすることも「オナラをしたのは私ではないだろうか？」と思うことも、自分と他者との区別がついていない状態に他なりません。

感情は自分のものです。そのことを十分理解し自覚し、自分の感情を自分のものとして感じ、管理することはとても大切なことです。オナラが出るのは自然な反応だからと言ってところ構わずオナラをしなさいと言っているわけではありませんよ(笑)。オナラがしたくなったら一人静かにトイレに行くなどして自分以外に迷惑をかけない方法でリリースすることが必要なのです。

精神思考的バウンダリー

私たちは、一人ひとりそれぞれ違う価値観を持っています。そして、自分が思っていることや自分の考え、信念を曲げなければいけない、あるいは変えなければいけない状況は、私たちにとって恐ろしいほどの精神的苦痛を伴います。例えば、自分が白だと思っているものを黒だと思うよう他者から強制されたらどうでしょうか。内面で激しい混乱が生み出されることと思います。けれども、そう強制してきた相手というのが、あなたが愛を感じている、あるいは反抗できないと思っている相手だったなら？　自分の考えよりも相手の考えの方が正しいと思うことを自分に強制しようとするかもしれません。自分より相手の方が偉いのだから、相手の意見を採用しなければいけないと自分に強制するかもしれません。しかしこれらをしてしまうと、目には見えない心の内側で何かが軋み、壊れていってしまいます。

また、自分の体験から生み出された創造的な思考やアイデアを表現した時、誰かがそれを無断で使用したら？　誰かがそれを奪ったら？　自分の作った物の上に他の人の考えやアイデアが乗り、まったく違うものに変容させられたら？　これらは、内面の自分の創造性に対する激しい痛みや恐怖となります。近年、ＳＮＳの爆発的な普及によって問題となることの増えてきた知的財産の侵害や著作権の侵害などはこれにあたります。

私たちは、他者に考え方を強制することもされることも本来するべきではありません。また、自分の意見が少数派だからと見ないようにしたりないがしろにする行為は、自分の内なる創造性を切り捨てているのと同じで、自分に大きな痛みとダメージをもたらします。

エネルギー的バウンダリー

「気を遣う」「あの人は私に気がある」「元気がある」「元気がない」などなど、私たちの日常生活の中には、言語的にも文化的にもこの〝気〟という言葉が溶け込んでいます。では、この気とは何なのでしょうか？　この気という言葉には、〝エネルギー〟という意味が込められています。

私たちは人との関係性の中で、それぞれが自分特有の気を発しています。それは他の人とは違うもので、一人ひとりがオリジナルなエネルギーのパターンを持っているのです。そして、人と人が交流する時には、エネルギー的にも、受け取ったり、絡みついたりといった繊細な交流が存在しているのです。

例えば、赤ちゃんにお乳をあげているお母さんがいるとします。お母さんは赤ちゃんの目を見ながら授乳し、赤ちゃんはぼんやりながらもお母さんの方を見ています。そんな母と子を見ていると、私たちは、お母さんと子どもの関係性の中に、目には見えないけれどとても親密で貴重な何か、そしてその繊細なやり取りがそこにあるのを感じ取ることができますよね。同じように、誰かが喧嘩をしている、またはとても感情的に荒れたりしている時、近くにいる人は、その怒りや感情に直接的に関係がないにも関わらず、荒々しいエネルギーを感じて怖いと思ったり、また同じように怒りを感じたりします。

実際、人と人との関係性では、このような繊細なエネルギーのやり取りが言葉よりも先にあります。ちょっとびっくりしませんか？　私たちは意識していなくとも、誰かと言葉を交わしたり触れ合ったりするよりも前に、エネルギー的な交流がそこにはすでに存在しているのです。思考や感情、肉体の反応というのはその次に起こってくるものです。もちろん、この目に見えないエネルギーのやり取りの領域をすべての人が正しく知覚しているわけではありません。けれども例に挙げたように、私たちは無意識の内にその影響を感じ取っています。

そしてそれがもう二度と起こらないように予防したり、あるいは、起こったことにどう対処すれば良いのか分からず混乱したりするのです。

エネルギー的バウンダリーの侵害に関しては、より繊細で正確な知覚が必要とされます。一番誤解が多く生まれやすいのもこの領域であると言えますが、正確に知覚できるようになることで、自分の人生の創造に役立てるスキルにもなり得ます。どういうことかというと、エネルギー的バウンダリーの侵害は、現実の中で肉体的に行動したり触れ合ったりする前に起こるので、エネルギー的なバウンダリーの動きをしっかりと知覚できていれば、あらかじめ危機を回避することもできますし、逆にチャンスを掴むことも可能になるのです。

では、エネルギー的なバウンダリーの侵害とは一体どういうものなのか、具体的にみていきましょう。

エネルギー的バウンダリーの侵害は、その他さまざまなバウンダリーの侵害と同時に、複合的に起こってくることがほとんどです。例えば、「あの人は私に気がある」とか「あの人が気になる」という言葉の裏にあるエネルギー的なやり取りはどういうものでしょうか？あなたが道を歩いていると、目の前から好みの異性が歩いてきたと想像してみてください。その人が自分の横を通り過ぎる時、あなたの目はその人に釘付けになり、「触れたい」という気持ちを認識するよりも先に、エネルギーがその人に向かって伸びていくのです！　けれども、相手にそんな気持ちがなければ、あなたはその瞬間、自分の思いが拒絶されたかのような感覚を感じてしまいます。繰り返しますが、表面的には、その人はただ歩いているだけです。あなたの前方に現れ、横を通り過ぎ、振り返ることもなく歩き去るだけなのです。けれども、一瞬でも心惹かれ目が釘付けになったあなたにしてみると、こちらを見もせず振り向いてもくれないことが、自分の思いを受け取ってもらえなかったような気持ちを引き起こします。

この時あなたは相手に興味を示した時点でエネルギー的に侵入しています。そしてその気がない相手は、そのエネルギーを受け取らないことによってエネルギー的バウンダリーを引き、二人の関係性をただ道ですれ違った以上に進めないという方向に動かしました。もしも相手が、「誰かが自分を愛してくれるのなら、私はそれを受け取らなければならない」という誤解を持っていた場合、あなたを受け入れたいという気持ちがないのに好意を受け止めようとしてしまう可能性が高くなります。そうなると、あなたの好意を受け入れたとしても、相手の中にはバウンダリーを侵害された時の嫌な感覚が残りますので、いつまでたっても何かがしっくりこない感じを持つことになっていくでしょう。

エネルギー的なやり取りは、基本的に押す・引く・止める・流すの四つのモードで行われます。そして私たちは一人ひとり、男性との関係性で得意なパターン、女性との関係性でのお気に入りパターンなど、対象によってパターンを持っているのです。さらに知っておくべきは、この〝パターンがパターンとして機能している〟間、その人の人生は、まったく変わり映えしない固着したものであるということです。

霊的バウンダリー

あなたには、信じている宗教、またはスピリチュアルな教えなどはありますか？　誰の中にも、この世界に対して持っている信念体系がありますし、また神さまや女神、天使といった存在を信じている人も多いと思います。けれども、自分以外の他者からそれらを否定されたり、考えを改めるよう詰め寄られたり、あるいは「それはおかしい」と言われたならば、どう感じるでしょうか？　痛みと共に、自分のアイデンティティが脅かされるような感覚を覚えると思います。

私たち一人ひとりの経験はそれぞれのものであり、それがどんなに他の人の現実や真実と違うものであったとしても、その人がそれを持つことを許容するのはとても大切なことです。当人にとってはそれが真実であるならば、周りの人間はそこに敬意を払わなければなりません。もちろんこれは、何もかも受容しなければいけないということではないということに注意してくださいね。

霊的バウンダリーの侵害が続くと、その人の中で、自分という存在そのものに対する疑念や不信感が呼び覚まされていきます。異なる宗教を信じる者同士の戦争が絶えませんが、背後にある根深い対立は、霊的バウンダリーの侵害から引き起こされたものだと思います。けれども、その人の信じるものが何であれ、価値観も生活環境も文化もまったく違う誰かにそれを取り上げられたり、壊されたりする理由などどこにもありません。霊的バウンダリーを脅かされ続けることに「ＯＫ」を出し続ける、つまり「ＮＯ」を言わずにいると、魂の痛みはより深くなります。そしてその結果、転生してもまた同じ学びを繰り返し続けることになると言われています。

余談ですが、かつてバーバラ・ブレナン女史に師事していた時、私はこんなことを尋ねたことがあります。「なぜこの世界にはこんなにたくさんの国があり、たくさんの違った宗教があるのか。男と女がいて、人種の違いがあるのか？」。バーバラは私の問いに対して、「私たちは多様性の中で自分は何者なのかを学ぶ。すべてはそのために用意された学びの学校なのだ」と答えてくれました。つまり、違う環境、違う教養の中で、自分が何を信じ、どう感じるのか。周りの環境がどんなものであったとしても、何が自分の真実なのかを見定め、他の人の真実との違いを知ることによって、私たちは自分が何者であるかという誰もが持つ問いの真髄に近づいていくことができるということです。

性的バウンダリー

「セクハラをされた」「痴漢に遭った」といった分かりやすいものから、自分のセクシャリティゆえに何かしらの考え方や行為を強要されることも性的バウンダリーの侵害にあたります。後者は例えば、「女は子どもを産んで一人前」「男は泣いてはいけない」、また「女の子らしく・男の子らしくしなさい」という子どもの頃から暗に向けられ続ける注意も、性的バウンダリーの侵害です。

社会的バウンダリー

例えば痴漢を働いた男性が会社を辞めなければならなくなる、社会の中で居場所がなくなる、仕事の糧を得るすべが失われていくなど、社会の中で自分のアイデンティティが揺らいだり損なわれたりする時、その人の社会的バウンダリーは脅かされているといえるでしょう。個人を超えた社会的な境界線を、社会的バウンダリーと呼びます。

役割的バウンダリー

「教師はこうあるべき」「主婦はこのくらいできるのが普通」など、社会における役割を過剰に強要される時、役割的バウンダリーは侵害されていることになります。ただ、役割に対する考え方は文化によって大きな違いが見られるため注意が必要です。例えば役割的バウンダリーが非常に明確なアメリカでは、会社の中に事務員と秘書がいる場合、秘書の不在中にかかってきた社長宛の電話を事務の女性が受けることはバウンダリーの侵害であるとされます。「私の役割は事務員であって秘書ではない」という役割に立ち続けなければならないのです。逆に日本では、事務員であっても社長宛の電話を取り次ぎ、きちんとメモを残すなど秘書と同等の対応を求められ、それをしないと気が利かないなどと言われたりします。

時間的（タイム）バウンダリー

タイムバウンダリーは私たちにとって身近でとても重要なバウンダリーです。例えば就業時間が9時〜17時と決められている会社で毎日残業を強要され苦痛を感じるのは、タイムバウンダリーを侵害されているからです。また、ケースとしても紹介しましたし、セラピストとして仕事をされている方には経験があるのではと思いますが、セッション時間を超えて施術を要求されると非常に不愉快な感覚を持ちますよね。または、ついついセッションが長引いてしまうという方もいらっしゃるかもしれません。セッション時間を守ること＝タイムバウンダリーを引くことです。

そもそも、時間とは目に見えませんが、物質世界の中でもっとも価値あるものであるとも言えます。例えば会社勤めをしている方の場合、自分の時間を切り売りして会社が求める労働を提供し、決まった額のお給料をもらう契約をしているわけです。ですから、対人援助職に関しても、技術や結果のみで決まるものではないのです。それだけではなく、どれだけの時間をクライアントのためにかけたかということも反映させなければなりません。「まだ私はそんなに経験を積んでいないからお金をもらえない」という考え方を強く持っていればタイムバウンダリーを侵害される可能性が高くなり、後々の問題の火種となり得ます。

空間的（スペース）バウンダリー

空間的バウンダリーは、この後にお話しする社会・環境的バウンダリー始めその他のバウンダリーと絡んで存在するため、認知することが難しいバウンダリーのひとつです。例えば自分の部屋にいきなり親が入ってきた時というのは、空間的バウンダリーを侵害された状態です。また、一人静かに勉強をしている時に近所で大きな音楽がかかっていたり、急に選挙カーが来たりすると、自分のプライベートなスペースが邪魔されたように感じ、不快な感覚が上がってきます。これは空間的バウンダリーを侵害されているからです。

自分自身のスペースとは、私たちが思っている以上に大切なものです。けれども元来農耕民族であった日本人は、環境的・遺伝的理由からこの空間バウンダリーがいくぶん希薄です。少し前の日本ではよく見られた光景のように思いますが、例えば年頃になっても異性の兄弟と薄い障子一枚で隔てたような空間を個室として与えられている場合があります。そんな状況下では、息をするのも着替えをするのも妙に意識し、安心してその状態にいられません。空間的バウンダリーが侵害されている時には、安心安全でくつろいだ状態にはなかなか到達できません。それを目安にすると良いでしょう。さらに、空間的バウンダリーの侵害が長期間続くと、本当の自由という感覚が分からなくなってしまいます。

社会・環境的バウンダリー

例えば隣家の柿の木の枝が自分の家の庭の敷地内に侵入している場合、肉体的（物理的）

バウンダリーと社会・環境的バウンダリー双方が侵害されていると言えます。また、隣の家がゴミ屋敷で苦情を言っても改善の意思がなく、臭いが常に自分の家に流れてくるような場合、いつも不愉快な気持ちで暮らさねばなりません。目に見える実害は発見されないけれども、これは明らかに社会・環境的バウンダリーの侵害です。同じように、ＰＭ２・５や放射能漏れなどによる健康被害、光化学スモッグも環境バウンダリーの範疇に入ります。

誰かの鼻歌が耳障りでイライラしたという経験はありませんか？　これは環境的、空間的バウンダリーどちらにも関わる侵害の例ですが、これがバウンダリーの問題であるということを知っていれば、例えば自分が場所を移動することもできますし、「ちょっと鼻歌のボリュームを小さくしてくれる？」と伝えることもできます。けれども知らなければ、なぜ自分が鼻歌ごときでこんなにイライラするのかが分からなかったり、あるいは苛立ちをぶつけたことで相手が怒り出したりなど、人間関係の誤解につながってしまいます。このことは、社会・環境的バウンダリーだけでなくバウンダリー全般に言えます。

金銭的（マネー）バウンダリー

お金のバウンダリーは、ほとんどの人が一番悩むことではないでしょうか。例えばセラピストとして資格を取ったけれども、有償での提供となると言い出しづらい。あるいは、無償で提供して欲しいと頼まれて、嫌な感じがする。最初の方でお伝えしましたが、バウンダリーには労働と自己責任が伴います。ですから、自分の労働に対して得られるものがなかった場合、私たちは通常、嫌な感覚を持ちます。

労働を提供した結果、お金はなくとも心からの感謝を得られた場合、労働に対する報酬が得られたと言えますが、お金と時間をかけて学んだスキルをずっと無料で提供し続けるということは、お金のバウンダリーが侵害されている状態です。無料での提供を頼まれた時に嫌な感じがしたり、怒りを感じたりするのはそのためです。また逆の立場で、自分が支払ったお金に対してそれに見合うだけのものが得られなかった場合、私たちは嫌な感覚を持ちます。それは、マネーバウンダリーの〝労働と自己責任〟の感覚に照らし合わせた時に、同等・対等ではないと感じるからです。実際、クライアントに施術する、あるいは自身がセッションを受けてきた中でそのような経験をしたことのある方が大多数ではないかと思います。このような場合、〝交渉〟がとても良い解決方法を生み出すということを覚えておいてください。

お金のバウンダリーの一部、経済的バウンダリーの侵害の例も挙げておきますね。これはパワー・ハラスメント、モラル・ハラスメントと並ぶマネー・ハラスメントと呼べると思います。例えば一家の収入源が夫にしかなく、妻は働いていない、あるいは働けない状況にある時、収入源を持つ方が持たない方にお金を渡さない、または十分には渡さないことによって相手を支配し操ろうとした場合です。このような時、働いていない妻は生活の安全を感じられなくなり、ひどいと生命の危機を感じることもあります。

また、子どもに「そんなことをしているとお小遣いをあげないよ」というのもマネー・ハラスメントです。親の役割は、お金を与える・与えないことで子どもを支配することではありません。決められた額の中でどのようにお金を運用していくかを子どもに教えるのが親の役目です。

第一章では、バウンダリーというものを理解していただくために、さまざまな角度から〝バウンダリーとは何か〟を概略的にお話してきました。その中で、自分の持っているバウンダリーの誤解や、バウンダリーのパターンに気づいた方もいらっしゃるのではないかと思います。次の第二章では、このバウンダリーのパターンが各キャラクトロジーごとによってどのように違うのか、それがどのような誤解により身についてしまったものであるのかを、「そもそもキャラクトロジーって何？」というところから詳しくお話していきたいと思います。

［第二章］

キャラクトロジー心理学で知る、バウンダリーのパターン

キャラクトロジー心理学とは

１９９９年、一人息子を出産した私は、息子に対して果てしなく深い愛おしさを感じると共に、自分の中に凶悪な感覚が蠢いていることをハッキリと認識していました。それが、私自身の中にある義父からの虐待の傷によるものであることは分かってはいたものの、では、どうしたらこの傷を癒すことができるのか途方に暮れた気持ちを抱えつつ、ここならばその方法を学ぶことができるという確信を持って、アメリカはフロリダ州にある『バーバラ・ブレナン・スクール・オブ・ヒーリング（ＢＢＳＨ）』の門を叩きました。

ＢＢＳＨは年間五回、世界中から集まるクラスメイトと共に一週間ほどヒーリング科学、ヒーリングスキル、ヒーラーとしての在り方などを四年間に渡って学ぶことのできる、ヒーリングの単科大学です。そこでの学びの一つに、「人格構造学（キャラクトロロジー）」がありました。

「人格構造学（キャラクトロロジー）」とは、人生でどうもうまくいかない事象と、それを引き起こす幼い頃のトラウマを統計的に分類し体系化した、欧米では比較的ポピュラーな学問です。この「人格構造学（キャラクトロロジー）」をベースとして、BBSH卒業後、日本でヒーラーとして独立起業してからの1万件以上（現在は2万件以上）の臨床経験を加味し、私が日本人向けにアレンジ・考案したものが『キャラクトロジー心理学』です。

キャラクトロジー心理学を使うと、現在の問題の下にあるトラウマを簡単に見つけ出すことができます。私たちは現実の生活の中で、うまくいかないことをつい相手のせいや社会のせいにしがちです。それを続けていると事態はこじれる一方であることは分かっていても、どうしたら良いか分かりません。その状況を改善していく有効な方法は、うまくいかない原因である幼少期のトラウマを見つけ、理解し、解消していくことです。そうすることで人生の不具合は劇的に変化し好転していきます。

例えば、あなたと家族、パートナーとの間で行き違いが起こってしまった時、どのようにその関係性を修復していきますか？　相手のせいにせず、自分が罪悪感に陥ることなく、関係性を修復する方法を誰かから教えてもらいましたか？

私たちのほとんどが、その方法を知りません。誰も知らないから、子どもたちに教えることもできません。ゆえに私たちは子どもの頃から、うまくいかないことに突き当たると、どうにもできないと諦めます。そして感情を感じないように凍りつかせ、大人の都合に合わせ、社会の流れに逆らわないよう生きていこうとします。その結果、やがて心身に病という形で現れることがあります。

『キャラクトロジー心理学』は、私たちのその無意識のパターンをたやすく見つけることのできるツールです。さらに、うまくいかない人生の中で誰もが探し求めてきた〝人生を好転させる地図〟が明示されているので、変化のための方向性が誰にでもはっきりと分かるように作られています。学ぶことで、人生の舵を自分で自在に切っていくことができるようになるので、人生が大きく変化します。

私はできるだけ多くの人にキャラクトロジー心理学を伝えたいと思い、２０１５年に協会を立ち上げました。設立してからは、受講生が年々増え続けています。

キャラクトロジー心理学を学んだ方の多くが口にするのが、「こういうことを学校で学べれば良いのに」という感想です。私もそう思います。本来、学校で教えるべきは生き方なのではないでしょうか？　いつか学校でキャラクトロジー心理学の授業を誰でも受けられる日が来ることを願い始めてからは、学校から講演のお声が少しずつかかるようになっており、これまで何度か親御さんと生徒さんの前でお話しさせていただきました。このように、今、キャラクトロジーの学びに興味を持ってくださる方は少しずつ、けれども確実に広がっています。

診断してみよう！

それではまず、今のあなたが5つの中でどのキャラクトロジーの性質が強いのかを見ていきましょう。セルフ診断してみてください。
診断方法は、次の7つの質問に答えるだけです。

診断方法

①次の7つの質問に対する答えをA～Eの中から直感で選ぶ
②各アルファベットの合計数を計算する
③一番多いアルファベットが、現在のあなたのキャラクタータイプ。
※同数の場合は、複数のキャラクターの要素を持つ。
④146ページ以降の、各キャラクターの説明をチェック！

質問1　体型に関してあてはまることは？

□ ひょろりと細く、背が高い。関節が弱いためカクカクした動き。	A
□ 猫背、内股、だらりとした腕	B
□ ぽっちゃりガッチリ体型。骨太、丸顔	C
□ スタイルは良いほう。目力がある、おでこが広い	D
□ 細身。姿勢がキレイ	E

質問2　見た目の印象であてはまることは？

□ 存在感が薄く、ぼーっとしてる。視線があわない	A
□ か弱く、物寂しそうな雰囲気	B
□ いつもニコニコ、ベビーフェイス。誰とでも仲良くなれそうな印象	C
□ 自信に満ち溢れた感じ	D
□ しっかり、シャキッと隙がない感じ	E

質問3　自分を一言で表すと?

□ マイペースな天然キャラ	A
□ とにかく優しい良い人	B
□ 愛され、いじられキャラ	C
□ 頼りになる姉御、兄貴のような存在	D
□ 真面目	E

質問4　短所は?

□ 責任感がない、問題からよく逃げる	A
□ ネガティブ、優柔不断	B
□ 周りに合わせ過ぎて疲れる、たまに爆発	C
□ 負けず嫌い、他人を見下した態度	D
□ 頑固、プライドが高い	E

質問5　長所は?

□ 独特な世界観を持っている	A
□ マザーテレサのように優しい	B
□ 明るく、みんなと仲良し	C
□ リーダー気質、カリスマ性	D
□ 完璧主義、情熱家	E

質問6　コミュニケーションの特徴は?

□ 目を合わせて話さず、どこか現実味がない	A
□ 悲劇のヒロイン、自分のダメダメ話が得意	B
□ グチやぼやきが多く、すぐにムッとする	C
□ 自分のことは秘密主義、だけどウワサ話が好き	D
□「大丈夫だから」が口癖で意見を曲げない	E

質問7　話し方の特徴は?

□ 独り言なのか、誰と話しているのか分からない。語尾がハッキリしない	A
□「○○だよね?」と相手の承認を得るような不確かな話し方、ハッキリ言わない	B
□「○○食べる?」「○○しようか?」と相手の喜ぶことを提案	C
□ ハッキリとした強気な口調、批判的	D
□「うん。でも…」「そうだね。でも…」と自分の意見を曲げない	E

Aが一番多い ⇨ スキゾイド

Bが一番多い ⇨ オーラル

Cが一番多い ⇨ マゾキスト

Dが一番多い ⇨ サイコパス

Eが一番多い ⇨ リジット

各キャラクトロジー別診断結果

〈今、ここにいないスキゾイド〉

スキゾイドは、母親のお腹の中にいる時からこの世に生まれ出る瞬間、そして生まれて半年くらいまでの間に、命を脅かされていると感じるほどの怖い体験をしています。

その体験により赤ちゃんの中に、「この世界は危険だ」という誤解が形成され、大人になってもなお、その誤解を軸に動いてしまいます。そして私たちの誰もが、強度の差こそあれ、例外なくこのスキゾイドの性質を自分の中に持っています。

現代の私たちは出産をあまりにも自然で当たり前のことと思っていますが、医療が発達する前は、出産時の死亡率は母子共に非常に高いものでした。出産は母親にとっては文字通り産みの苦しみですし、赤ちゃんも、狭い狭い産道を通り抜け、命がけでこの世界に生まれてきます。例え帝王切開であったとしても、母親のお腹の中でまどろんでいたのに突然に麻酔などの薬剤が入ってくることで、赤ちゃんは不安と興奮の感覚の中に急に引っ張り込まれることになります。さらに、いきなり取り出された先の明るい世界、医師のゴム手袋の感触は赤ちゃんにとって未知なるもので、自分に何が起こっているのか分からないまま、あたたかな胎内から荒々しく取り出されることは、恐怖の体験に他ならないのです。このように、生まれた瞬間の〝バーストラウマ〟は、私たちの中にほぼ例外なく潜んでいます。

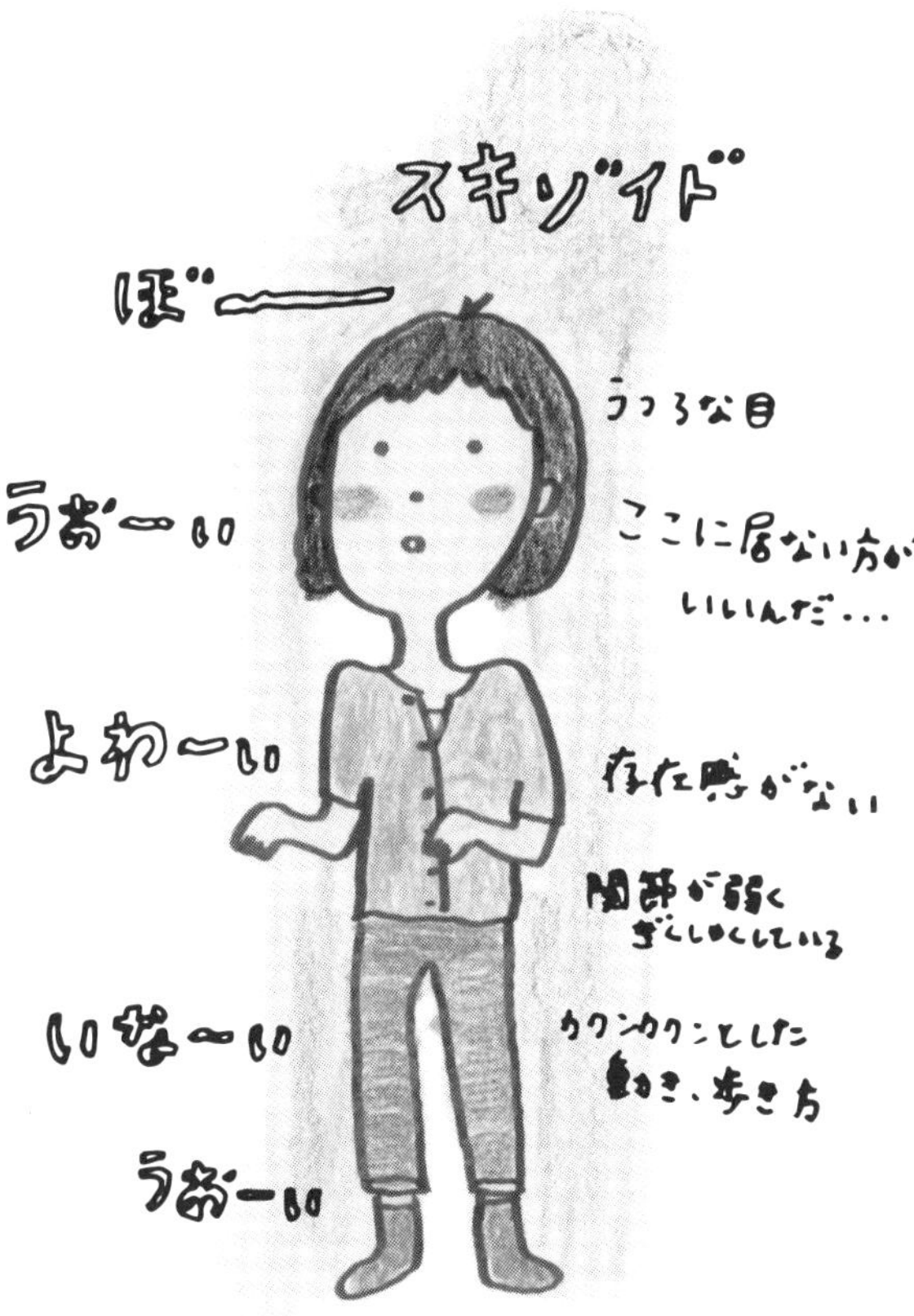

〔特徴〕
- 魂が抜けたようにボーッとする
- その場から逃げたい衝動がおきる
- 転職や引っ越しをくり返す
- 突然人生に辛苦が降ってくる

また、病院での出産が多くを占める現代では、生まれた赤ちゃんがすぐに母親に抱かれるケースは少なく、一瞬抱かれたとしても、すぐに助産師の手によりお湯で洗われ、ベビーベッドに寝かされてしまいます。これにより赤ちゃんの中には、母親と離れ離れになったことによる〝分離不安〟が呼び起こされます。なぜなら、赤ちゃんにはまだバウンダリーが存在しないからです。母親の胎内では常に一体であったがゆえに、生まれた瞬間に母親から引き離された恐怖や不安の感覚のまま、バウンダリーが形成されていってしまうのです。ゆえにスキゾイドのバウンダリーは形成不全で、とても薄く、もろく、壊れやすいのが特徴です。

そのためスキゾイドの質が強い人は、たくさんの人の中に入っていく時、また満員電車の中にいる時などに気分が悪くなったり、自分自身を保つことが難しくなったりします。このような状況下では、自分がここにいて良いのかどうかも、どこに行けば良いのかも分からず、常に不安につきまとわれ、不安の中にいることになります。

また、バウンダリーの薄さゆえに自分と他者との区別がつきにくいのもスキゾイドの特徴です。必要以上に人を怖がる割に、初めての場所に違和感なく溶け込めたり、初対面の人の家でも自分の家のようにくつろいでしまうことがあったりします。

〈常に不足を感じるオーラル〉

生まれてから一歳半くらいまでの間、私たちは、他者からの世話がなければ、動くことも、ミルクを飲むことさえもままなりません。この時期に適切で十分なケアをされなかったという誤解の傷を、オーラルは持っています。

この、身動きを取ることも、声を出すことや寝返りを打つことも自由にできない時期、私たちは生きていくのに必要な一切を誰かの手に委ねなければ生育できません。つまり、信頼と保護、そして滋養あるケアを必要とする時期であると言えます。けれどもこの時期に、オムツが気持ち悪いのに中々替えてもらえなかったり、お腹が空いてミルクが欲しくてもそれを伝えることができなかったり、あるいは弱々しく声を出しても周りにいる大人にそれが伝わらなかったりすることで、赤ちゃんはそのたびに見捨てられ絶望するという感覚を繰り返し感じ、静かに諦めの境地に入っていくのです。そしてこれも、私たちの誰もが成長の過程で経験していることなのです。

オーラルの中には、どうやって自分のニーズを伝えれば良いのか、どうやって自分の欲しいものに手を伸ばしそれを得ることが出来るのか分からないという混乱があります。そしてこの混乱が、「何をしても満たされない」「こうしたいのに出来ない」「欲しいけどいらない」

オーラル
足りない!
じーーー
うるうる
ほしい……
けど……
いらない…
ダメダメ
どうせ
ダメダメな私
だめだめ
頼まれると嫌と
いえない
気づかい屋さん
胸はうすく
だらりとした腕
必死
内股なかんじ

〔特徴〕

●悲劇のヒロイン・ヒーロー化する
●足りない、欲しいと感じる
●頼み方が回りくどい
●満足感が低い

という〝ダブルバインド＝どちらも選択できない状態〟を形成し、大人になってもなおその誤解を持って生きています。

十分にケアされた経験がないため、オーラルが強い人は、どのように自分の世話をすれば良いのかが分かりません。それゆえに、常に誰かに世話をしてもらうことを求め、依存傾向が強いことがオーラルの特徴です。一方で、他者に何かを求めながらもそれを受け取ることができないというダブルバインドを持っているために、自分の欲しいものをいつまでも引き寄せることができません。結果としてさらに誰かに依存し、責任はすべて自分の外にあると思い込み、自己責任の取り方がまったく分からないというループにはまり込むのです。

オーラルのバウンダリーも非常に弱々しく、かつ他者に世話をしてもらうため常に開かれています。ゆえに、親密さを感じる人を見つけると、信頼できるかどうかに関わらず、その人にくっついていってしまう傾向があります。しかしその人がオーラルの望みを叶えてあげる理由も義務もないため、自分から誰かに寄っていっては見捨てられ、どうして良いのかが分からないという状況を繰り返し現実に作り出します。そして次第に、「どうせ誰も私の言うことなんて聞いてくれない」と誰かに見捨てられる前に自分で自分を見捨て始め、被害者意識の中に落ち込んでいくのです。それでもまた親密さを感じる人と出会うと、「今度こそこの人は自分の欲しいものをくれるかもしれない」とその人にくっつき、やがてまた見捨てられるというネガティブな人間関係の悪循環から逃れることができないのがオーラルです。

〈自分を生きないマゾキスト〉

マゾキストの人格が形成されるのは、ハイハイしていた赤ちゃんが立ち上がり、伝い歩きをするようになり、自分の力で動けるようになる、つまり子どもの行動範囲がどんどん広がってくる頃です。

子どもが自立を始めるこの時期、ほとんどの母親は子どもが成長することをとても嬉しいと感じます。けれどもその反面、行動範囲が広がる分、目が離せなくなってきます。目が離せないのはなぜかというと、子育てをしたことのある方はお分かりになると思いますが、自分で自由に動くことができるようになるため、突然何をしでかすか分からないからです。誤飲や不慮のケガといった子どもの事故が多いのもこの時期です。

そのため、子どものことをとても愛しているがゆえに、母親はつい手を差し伸べてしまうことが多くなります。心配と不安から過干渉になっていってしまうのです。と言っても、そのほとんどが本当に命の危険が迫っていてそこから愛する我が子を守る、というものではあ

〔特徴〕

●誰かのための行動が多い
●「みんなのため」と行動するが変な形で周囲を巻き込む
●やりたいことが見つからない
●気づかずに怒りを溜め込む

りません。母親が「危険である」と感じる、まだ起こってもいない出来事から子どもを守ろうとし、何くれとなく手を出してしまうわけです。

ただ寝ているだけだった赤ちゃんがハイハイできるようになり、立ち上がって伝い歩きをしながら自分の思う方向に進んでいくことができるようになる、その過程をちょっと想像してみてください。好奇心と冒険心が子どもの中に芽生え始めたこの時期に、窓の外にひらひら舞うちょうちょが見えたら？　塀の上を歩く猫の長いしっぽが見えたら？　きっと子どもは一心不乱にまっすぐ興味の対象に向かって突き進んでいくでしょう。けれども、その姿を不安に思わない母親はいないのではないでしょうか。

では、母親の中に生まれたその不安や心配は、母親をどういう行動に駆り立てると思いますか？　母親自身が自分の不安や心配を取り扱うことができなかった時、そのツケはそのまま子どもに向かいます。つまりその不安や心配は、子どもの行動や自由を制限するという行動へと変わっていってしまうのです。

その結果、この時期の子どもは、自分が興味を持った事柄やしてみたい・やってみたいと感じたすべてのことに、最も愛している人から「待った」をかけられるわけです。興味の対象から視線や意識をそらされてしまうという体験を、繰り返し繰り返しするようになるのです。自立期は、世界に対してさまざまな興味を持ち始め、子どもにとってとても大事な時期であるにもかかわらず。

自分がしたいことややりたいことをしようとした時、愛する母親の怒りや叱責の声が聞こえてきたらどうなるのでしょう？　その瞬間、子どもの中ではこんなことが起こっています。「自分がしたいことややりたいことに向かって進んでいくことより、自分を愛し保護を与えてくれる人が笑顔でいることの方が大事だ」という誤解が生まれるのです。つまり、自分が生き延びるために一番大切な保護者が笑顔でいることが、生き残りの戦略としての第一優先事項になるのです。

そうなると、自分が何かをしたいと思った時、その都度、母親あるいは保護者の顔色を伺うようになります。そして、母親あるいは保護者の許可が出た時にだけ、「これはやってもOK」だと自分にゴーサインを出します。母親の顔色や態度を通して判断をつけるようになっていくのです。私たちの誰もが子どもの頃、こんな体験をしてきました。

一つ行動をするたびに親の顔色を伺う時期、それがちょうどマゾキストの形成期にあたります。それによって善悪の判断も学んでいくわけですので、それ自体は悪いことではありません。問題は、その時、子どもが自由に体験し自由に〝失敗する権利〟を与えなかった時です。そうなると子どもは、体験を通して、何が失敗なのかという判断基準を、親または保護者、つまり権威者の許可に限定していってしまうのです。そしてそのことが、常に自分のバウンダリーを周りの人に明け渡すことにつながります。やがて、周りの人との暗黙の了解の上で動くこと、協調して一緒に動くことが一番自然で居心地の良い状態になっていきます。

では、それが普通の状態になってしまった子どもはどうなるのでしょう？　習慣として権威者の許可を判断の基準として動くことに居心地の良さを感じていたとしても、その子の内側には、本当にやりたいことや好奇心、興味の向く方向があります。そのことに対する違和感はあるため、日常的な習慣に従う居心地の良さと、自分の内側から上がってくる「この世界を真に体験したい」という魂の希求との間に葛藤を持つようになります。

マゾキストの性質が強くなると、そのバウンダリーは、どんなシーンにおいても他者からの侵入・侵略・コントロールをたやすく許してしまうようになります。例えばトイレに行きたいと思った時、周りにいる人の許可や了解を過度に求めてしまうといったことすら起こるのです。他者の意見を聞く必要もないくらいごく自然な生理現象の領域、生物の基本的な部分においても他者からのコントロールを介入させてしまうわけです。それが続くと、現実に対する感覚と自分の生理的現象や感覚が葛藤を起こし始めます。そしてそれが、アトピーやアレルギーという過度な反応をもたらしてしまうこともままあります。

子どもの頃のことをちょっと思い出してみてください。トイレに行きたくないのに、「お出かけするからトイレに行って来なさい」とお母さんに言われた覚えはありませんか？　トイレに座り一生懸命出そうとしても出ないこともあります。出ないのに「出しなさい」と愛する人に言われたらどう感じますか。あるいは逆に、出そうなのに「出してはいけません」と言われたら？　マゾキストの強い人は、こういうことを平気でいつもされてきた人です。そして彼らは、他者のニーズに応えられないと、「この人の期待に応えられない私はダメだ」という誤解を重ねていってしまうのです。

日常生活の中でたやすく他者にバウンダリーの侵害を許し、自分自身の尊厳すら明け渡してしまうことで、マゾキストは、自分の一番大切なものを内側深くにしまい込むようになります。表面的には周りと合わせ協調しながらも、内側では静かに怒りや悪意を育て始めるのです。このことによって他者との関わりの中で、自分を明け渡し侵略される→内側で怒りや悪意が動く→同時に「こんな私ではダメだ」「こんな私は愛されない」という判断が動きはじめ、常にストレスフルな環境を自分の内側と外側に作り出し続けます。

そして、このように人から侵略され続けてきた子どもは、自分が他者のバウンダリーを侵害し入っていくことにもまるで抵抗がありません。人間は、自分が麻痺しているところは他の人に対しても麻痺が起こってしまうからです。ゆえに生育過程の一段階である自立期に今お伝えしてきたような体験を繰り返し重ねてきた人は、大人になってからも、適切なバウンダリーの取り方が分かりません。

また、マゾキストの人は、皮膚感覚が分からない方がとても多いのが特徴です。例えば洋服を前後逆に着ていても、靴下が半分脱げかけていても分からないなど、皮膚感覚で気持ち良い・悪いを感じられないため、性的にも不感症やインポテンツになる傾向が強いように思います。

マゾキストの性質を強く持ったまま大人になると、良かれと思って相手の中にどんどん侵入していくようになります。相手のプライベートな領域にも入り込み、まるで砂浜に打ち寄せた波が浜にあったものを全部さらっていくように、すべてを持ち去っていってしまうこともままあります。けれどもマゾキストの人は、なぜそれがいけないのか、なぜそれで他の人が嫌な思いをするのかが分かりません。バウンダリーの感覚が麻痺しているからです。

このように、マゾキストタイプの人は、他者とのバウンダリーが分かりません。バウンダリーが混乱している状態で人と関わるために、自分と関わる他者の混乱をも作り続けてしまいます。けれどもそこで自分に問題があるとは夢にも思っていません。

しかしながら、関係性の中で、自分の責任の領域と相手の責任の領域を明確にしていなければ、衝突や問題は必ず起こってきます。ですから、自分は悪くないと思っていても、バウンダリーの麻痺によって引き起こされた不都合な現実の責任をいずれ取らなければいけない時がやってきます。子どもの時にはすべて誰かが責任を引き受けてくれていたかもしれません。けれどもその責任は、本当は自分が引き受けなければいけないものなのです。

〈何も信じないサイコパス〉

言葉もかなり話せるようになり、他者との関わり方を楽しむ時期がサイコパス人格の形成期にあたります。この時期の子どもは、こう言ったら相手はこう反応する、または相手がこう言うと、あるいは相手がこんな態度を取ると自分がどう反応するか、といったことに徐々に意識が向くようになります。つまり、他者との関係性の中での自分に気がつき始めるのです。

この時期は、誰かと比べられて「あなたの方が良い」「あなたの方ができない」と言われたり、「○○のできるあなたは素晴らしい（「○○ができなかったら素晴らしくない」という意味が込められている）」と、持ち上げられたり引き下げられたりすることも増えてきます。このように、他者からの評価によって自分が何者であるのかを決定づけられることに、子ど

サイコパス
私ってすごい
私ってキレイ
ナルシスト
私は正しい
あなたは
間違ってる。
女王様気質
仕切り屋さん
まわりはみーんな敵！
（でも勝つのは私）
イケイケ
私の言うことを
お聞きなさい。
挑発的な目
張り出した
肩と腰
くびれたウエスト
エネルギッシュ

〔特徴〕

●すぐにカッとし、怒る
●正当性を主張し相手を加害者にする
●自分の過失を認めないために戦う
●ついコントロール・マウントしようとする

もは違和感を感じながらも、反論するほどの力をこの時期にはまだ持っていません。

その違和感、つまり恥の感覚や屈辱的な感じを投げつけられたように感じることが繰り返し起こると、その感覚を感じることが嫌で頑張るようになります。そしてその子は外からの承認を常に求めるようになり、それが得られる自分は素晴らしく、それが得られない自分はダメだという優越感と劣等感の狭間で苦しみ始めるのです。そして、開花し始めた知恵という能力を使い、どうしたら人より優位に立てるのか、どうしたら愛している人の愛と承認を受け取れるようになるのか、そこだけに興味のすべてが向いていってしまうのです。

こうなると、目的のものが得られることが、その子にとって自分の生き残る意味のすべてになってしまいます。目的のものが得られなければそれはすなわち死を意味するというほどに、「負けた自分は無価値だ」という思いにたやすく落ち込んでいくのです。マゾキストの子のバウンダリーが親と融合しているのに対して、サイコパスの子どものバウンダリーは、親から侵害され踏みにじられているのですが、親のバウンダリーとくっついてはいません。親のバウンダリーと分離したその場所に、〝恥〟と〝屈辱感〟がくっついているのです。

そのことがサイコパスの中に劣等感を生み出します。なぜなら「屈辱と恥の感覚を感じたくない」と思う気持ちが、すでに劣等感であるからです。ここには、屈辱と恥を感じないこと＝勝利であるという誤解があるのです。サイコパスの強い人は、知らず知らずの内にこの劣等感から行動を起こすために、たとえ勝ったとしてもすぐにまた不安が出てきます。

バウンダリーが踏みにじられたことに違和感を感じなかった子どもは、他者を踏みにじることにもまったく違和感を感じなくなります。また、自分が感じた〝恥〟と〝屈辱感〟を感じることを避けるための唯一の手段が「勝つこと」であると誤解しているため、他者よりも秀でること・他者に勝つことが何よりも大切な優先順位となってしまうのです。さらに、恥と屈辱感を恐れるがあまりに、他者にそれを感じさせようと必死で戦います。サイコパスはナルシストと呼ばれることが多く、また自己中心的な傾向が強いのが特徴ですが、これがその所以です。

マゾキストは、相手に自分を知られることも相手を知ることも当たり前なのに対し、サイコパスは、どこまで入っていいのか、どこまで知ろうとして良いのかに疑問を持つようになります。例えて言うなら、人の家を訪問するのに、門で呼び鈴を鳴らせばよいのか、玄関で鳴らすべきなのか、あるいはドアを開けて声をかけるべきなのかが分からないのです。それはなぜかというと、サイコパスの形成時期になると子どもは〝疑い〟を持つようになるからです。どこまで入って良いかの答えは、前の章でも触れたように、関係性において〝どこまでが自分の責任であるのか〟ということが目安になります。他者に自分のバウンダリーを超えて入り込まれ嫌な感じがする、というその感覚が近づき過ぎたアラートになるのです。けれどもサイコパスの場合、そのアラート機能そのものが壊れてしまっています。そしてそのことが、現実的に恥や屈辱感を感じるという体験をしなければ、人との距離感が分からないという現実を引き寄せているのです。

知っても良い深さというのは関係性の深さによって変わります。相手によってそれを変えることがTPOでもあるのですが、それが分からないのに「私は分かっている」という立場に立ち続けてしまうのがサイコパスの特徴です。そして、「これくらいは大丈夫」という思い込みの下で動こうとします。これが相手のバウンダリーを踏みにじる、敬意のない態度や行為となります。さらに「例え失敗してもこうすれば大丈夫」という自分の脳内だけのルールを外の世界の人にもあてはめようとするため、相手を怒らせたり失敗したりして、いつもの馴染みの場所、つまり屈辱感の中に陥ることになってしまうのです。

サイコパスの人はとても賢く、さまざまなことに勝ち、成功体験もあるのですが、「私は分かっているはず」という実像の伴わない虚構の上にいつも立っています。結果、失敗を恐れているにも関わらず、失敗し恥や屈辱感を感じるまで分からないという現実を作りだしているのです。

サイコパスに必要なことは、自分が分かっていないということを認めることです。それが相手に対する敬意にもつながります。加えて注意を払わなければいけないことが、答えを先に聞きたがる傾向です。答えを先に知ることにより、体験を通して身につけるというプロセスをパスしようとするのですが、それがまた、次の失敗を呼ぶことにつながります。

〈感じず愛さないリジット〉

リジットの人は、周りにいる人たちの身が引き締まるような、厳格で威厳あるオーラを出しています。そしてそれは、それぞれの人の中に、厳しく怒られた子どもの頃の体験をたやすく思い起こさせます。リジットのバウンダリーを表現するのに一番適切なのは〝痛い〟という言葉である気がします。

子ども時代、振る舞いにおいても時間においても、とにかく〝こうあるべき〟という社会的概念を厳しく叩き込まれているため、リジットが強い人は、その場所にあった振る舞いや表現を強迫的なまでに心がけようとします。頭の先からつま先まで、周囲の環境に合わせてきちんとしようとすることにだけ意識が向くため、その瞬間自分がどう感じているか、周りの人はそれをどう感じているかというところには意識が向きません。人の気持ちよりも、一

〔**特徴**〕

●融通がきかない
●弱みを見せない
●感じないことで、立場や自分自身を守ろうとする
●相手も自分も型にはめようとする

般的な規範の方がリジットにとっては大事なのです。

漫画でこんなシーンを見たことはありませんか？　掃除当番をサボる不良の男の子を、クラスの風紀委員の女の子が注意するようなシーン。これはまさにリジット人格を表しています。風紀委員は、「掃除は絶対にサボってはいけない！」ということを本気で信じていて、それ以外の可能性があることなどまったく気づいていません。例えばその瞬間、相手に内面的な悩みがあるとか、何か外面的な用事があるかもしれないなど、そんな想像をすることすらできません。リジットが「こうである」と信じ込んでいる社会構造や世界の在り方は、あまりにも硬直し過ぎているのです。

もう一つ、風紀委員をリジットになぞらえて例を挙げますね。学生時代、持ち物検査やスカートの長さの検査、爪の長さのチェックなどはありませんでしたか？　もっともなことを言っているのだけれど、もっとも過ぎてちっともハートが感じられないですよね。きちんとした服装・振る舞い・行い・持ち物が何よりも大事なので、その基準からはみ出している人の心情や気持ちを一切理解できないのがリジットなのです。

基本的にリジットは良い人なので、周囲の人と協調し、自分の役割を全うして生きようとします。けれども、一般的な規範や世間の常識、社会の基準に合わせることが何よりも安全であるという誤解の中から出ることができません。しかし、このように周囲の基準にすべてを合わせることは、実は対面している相手の感情的バウンダリー、時には肉体的バウンダリーをも無視していることでもあるのです。

他者のバウンダリーが分からないため、リジットの強い人は、常に他者との距離感に不安を感じています。けれども、その不安をどのように埋めたら良いのかが分かりません。なぜなら、自分の感情や気持ちに寄り添ってもらった経験がないからです。ゆえにリジットは他人の気持ちに寄り添うことはもちろん、自分の不安にどう対処しどう寄り添えば良いのかもまったく分からないのです。加えて、例え他人がバウンダリーを超えて自分のテリトリーに入ってきても、それによって自分の感情が動くことを何よりも恐れ、感情を感じないままにその現実に淡々と対処しようとします。そしてその態度が、リジット人格に特徴的な、身体と心と精神が統合された感覚が欠落している状態を生むのです。だからこそリジットは、何も感じないままに他者の気持ちをたやすく踏みにじる行動や言動を取ってしまいます。

社会規範に則って厳しく育てられてきたリジットは、その社会規範がいつ、何のために制定されたのかに疑問を持つこともなく、こうすることが当たり前であるという誤解の中に居続けます。これが他者に対するリジットのバウンダリーの硬さの所以です。人の気持ちや感情をまったく考慮することのない、無慈悲とも言えるバウンダリーの硬さをリジットは持っています。自分が何を感じているのかが分からないので、相手がその瞬間何を感じているのかももちろん分かりません。社会一般の結論しか見つけることができないのです。

ここまでが、それぞれのキャラクトロジーのバウンダリーについての一般的な説明です。

次に、セラピストとしてお仕事をされているみなさんに向けて、「セラピストがスキゾイドだった場合」「クライアントがマゾキストだった場合」などに分け、それぞれの対応方法を詳しくお話していきたいと思います。ですがその前に、そもそも私たちは、〝誰もが現実を誤解している〟ということを知っておかねばなりません。

この誤解は、子ども時代に端を発しています。

子どもの頃、私たちは世界に対して無知な状態です。この無知な状態で、未知なる世界に向かい合った時に何が起こるでしょうか？　世界に対して無知であるがゆえに、外側で何が起こっているのか分からず混乱し、その混乱が内側に葛藤を作ります。

例えば、「お母さんと一緒にいたいのに、胎内の時のように一つになれない」、「お腹の中にいた時のように何もかもお母さんに包まれて一体になっていたいのに、現実はお母さんと分離していて私の気持ちを分かってもらえない」などです。この引き裂かれた二つの葛藤の中で、子どもは苦悩します。この状況が、私たちの心に引き裂かれるような痛みを創造するのです。そして私たちは、この痛みをなんとかしようと、〝理想化されたセルフイメージ〟を作りあげようとします。そしてこのことがさらに事態を悪化させてしまうのです。

〝私がこういう人だったら、きっとこの痛みは起こらないだろう〟〝自分がこうなれば、こんな痛みを感じなくて済むだろう〟と誤解し、自分ではない理想のセルフイメージを作ろうとするのですが、このことが結局、葛藤する二つの間により大きな溝を作りあげてしまうことにつながります。そして、理想化されたセルフイメージが肥大化すればするほど、元々持っていた葛藤は見えなくなり、抑圧された痛みが、現実にさらに問題を引き寄せていくのです。

では、どうすれば良いのでしょうか？

まずは自分の中の理想化されたセルフイメージに気づいて辞めること。そして傷の痛みを感じることを自分に許可することです。次の段階として、「例え葛藤を抱えていようとも、人間なのだから心に葛藤があるのは自然なことだ」、と自分の心を平安に保てるようになると、現実がスムーズに流れ始めます。

各キャラクトロジー別健康的なバウンダリーを引く方法

セラピストが○○な場合

次に、セラピストのお仕事をされているみなさんが、実際に現場ですぐに使えるバウンダリーのコツをキャラクトロジー別にお伝えしていきます。

〈セラピストがスキゾイドの場合〉

スキゾイドは繊細で、未来を見通す力を持っています。夢見る平和主義者でもあるため、あなたがスキゾイドの強いセラピストである場合、クライアントに安心感と安らぎを与えることができるでしょう。また、5つのキャラクターの中でも群を抜くあなたの直感力を頼って、多くのクライアントがアドバイスを求めてきます。ただ問題点として、クライアントが大きな声を出す人や荒々しい人だった場合、あなたは自分の実力を発揮できないという傾向があります。ついビクビクしてしまうあなたを見ると、クライアントの中に怒りが湧きやすくなるのです。さらに、クライアントの中に怒りが湧くと、スキゾイドのセラピストはますます恐怖を感じて、自分の身体から意識が抜けていってしまうという悪循環が発生し、やがて、「ここから離れたい…」と思い始めてしまうのです。スキゾイドのセラピストにとって大事なことは、何よりもセラピスト自身がグラウンディング（自分自身としっかりつながる）することです。

対処法としては、クライアントに、自分が大きな音や声に敏感であるということを先に伝えておくと良いでしょう。つまり、「私は大きな音や声に敏感なのであって、あなた（クライアント）が怖いわけではない」ということを知っておいてもらうのです。また、細かいことですが、誰かに背後に立たれるとスキゾイドはつい

ビクビクしてしまうので、クライアントを迎える際、先にクライアントを部屋の中に招き入れ、クライアントの後ろからついていくようにすると良いでしょう。

〈セラピストがオーラルの場合〉

オーラルのあなたはとても優しく、困っている人に対して決して「NO」とは言えません。相手のニーズにとことんまで付き合うことができるので、クライアントの満足度は高いでしょう。繊細な技術やテクニックを駆使してクライアントのために奉仕できるセラピストです。ただ、繊細かつ敏感であるがゆえにバウンダリーも弱く、特に感情的なバウンダリーにたやすく取り込まれてしまう傾向があります。他者に対してお世話をしてあげた

いという優しさからとにかくクライアントにたくさん与え、多くを伝えようとするのですが、自分は受け取ることが難しく、与えたものの割に得るもの、成果やお金が少ないことが特徴です。

オーラルのセラピストがクライアントと接する時に必要なことは、まず、相手のニーズに100%応えられない自分でも良いという気持ちを持つこと。自分のニーズを無視して相手に応えようとしても、100%相手を満足させることはできないと知ることです。そして、時間のバウンダリーとお金のバウンダリーを明確にしておくことも大事です。具体的には「設定時間以上は施術をしない」「明確な料金体系を作り上げておく」ことで、与え過ぎる割に報われないというオーラル的状況を未然に防ぐことができるようになります。

優しさゆえにどこまでも世話をしてあげたくなる性分ですので、それを時間やお金にきっちり換算することを決め、自分の身を自分で守ってください。

〈セラピストがマゾキストの場合〉

マゾキストの人はとても高い知性を持っているので、クライアントの言わんとしていることを先回りして理解することができます。相手に対してどのように寄り添いお世話をしていけば良いのかを無理なく知り、相手の心を安心させくつろがせることができるセラピストです。天性の社交性を持っているため、クライアントは、ふっと懐に入れてもらえるように感じるでしょう。また安定感もあるので、安心して寄りかかることのできる人です。

ただ、マゾキストの多くは、自分の身体の境界も相手のバウンダリーの境界も知覚できません。そして、器用であるがゆえに頼まれるとつい色々してあげてしまう性質からやり過ぎてしまい、相手のバウンダリーをたやすく侵害することが多いのもマゾキストです。上から目線の偉そうな態度になるか、世話焼き婆さんのようになるかのどちらかですが、いずれにしても健全なバウンダリーを引いているとは言えません。

セラピストがマゾキストである場合、大事なことは、相手のニーズを自分が満たしてあ

げようと思わないことです。マゾキストは相手のニーズを聞き取ることが得意ですが、どうすればクライアント自身がそのニーズを満たせるようになるのか、そこを考えてあげてください。例えば言葉で表現する、欲しいものに手を伸ばしてみるといった、クライアントにとって必要な具体的行動に気づき、それを後押ししてあげることが大切です。真正面からグイグイ入って行こうとせず、後ろからそっと後押しするくらいがマゾキストのセラピストにとってはスマートなやり方でしょう。

〈セラピストがサイコパスの場合〉

サイコパスはとても有能で感覚も鋭く、相手の仕草や雰囲気を察知して先に動くことのできる機敏さを持っています。さらに、広いハートの大きな愛でクライアントを包み込むことができるので、メリハリの効いたケアやサポートを提供することができるでしょう。特にクライアントが緊急事態に陥った時、誰よりも頼れるのはサイコパスです。問題解決能力がずば抜けて高く、あらゆるカードを持っているため、一番最適なプランを提示することができるのです。混乱した状態にあるクライアントにとって、これほど頼り甲斐のあるセラピストは他にいないでしょう。

サイコパスのセラピストが注意しなければならないのは、つい相手のバウンダリーにずかずかと侵入していってしまうこと。さらに、侵入したことに対して相手が反応すると、そこに〝ネガティブプレジャー〟を感じどこまでも行き過ぎてしまう点です。この〝ネガティブプレジャー〟とは、例えば、「私があなたの世話をしてあげよう」「あなたは間違っている、だから私が教えてあげよう」などとネガティブな喜びを感じ、どこまでも相手に侵入してしまうことです。サイコパスが取りがちな「やってあげる」という姿勢は厳禁です。クライアントは戦いに来たわけではないということを自覚してください。

サイコパスは非常に有能で、かつ豊富な知識を持っています。クライアントはその豊富で有用な知識を知りたいと思って来ていることを理解し、相手のニーズに真摯に誠実に応

えつつも、コントロールしようとしないことが大事です。あなたが差し出したものを受け取るかどうかは相手次第だという場所に居続けてください。また、サイコパスは発する言葉一音一音の語尾が上がる傾向があり、そのことがクライアントの転移を引き起こすきっかけとなることがあります。親が子どもを叱る時には語尾が上がるため、そのような話し方が、クライアントの中の幼い頃の傷から反応を呼び起こしてしまうのです。大事なことは、クライアントに気持ち良く来てもらい、気持ち良く帰ってもらうこと。それを念頭に置いてください。

5つのキャラクトロジーの中で、相手のニーズに応えようとする能力がもっとも高いのはサイコパスです。そのエッセンスを活用することで、プロ中のプロになることができるのがサイコパスのセラピスト。ぜひ、クライアントを満足させて帰ってもらうということに喜びを持ってみてください。

〈セラピストがリジットの場合〉

リジットが強いセラピストは、礼儀正しく、芯が通って凛とした信頼感をクライアントに与えるでしょう。また、内に秘めた情熱とやわらかな物腰で相手を落ち着かせながらも的確なアドバイスをしてくれるので、クライアントはリジットのアドバイスを信頼できる答えとして受け取り、深くうなずきます。

リジットのバウンダリーは非常に硬くシャープであるため、リジットのセラピストがまず注意すべきは、権威的にならないことです。具体的には、相手がこうであると決めつけないこと。また、相手にどう思われているかに気を取られて対応しようとするとバウンダリーがますます硬くなってしまうため、クライアントは居心地が悪く感じます。

処方箋は、「愛から表現したらどうなるか」という立ち位置で相手に接してみることです。それができるとバウンダリーは自然とやわらかくなり、本来リジットの持っている慈愛や献身的な性質が表に出てくるでしょう。

本来の自分に戻るために

いかがでしたか？　セラピストのキャラクトロジー別に、健康的なバウンダリーを引くコツについてお話してきました。ここで、大事な理解をお伝えしておきます。

このように書くと、誰もが一つのキャラクトロジーしか持っていないようにも受け取れますが、それは違います。私たちは本来、この5つの性質をすべて併せ持っています。私たち人間がこの世界に生まれ育っていく過程の中で、誰の身にも必ず起こってくる外側からの刺激があり、そしてそれにより必ず誰の内側にも同じような葛藤が引き起こされます。そしてその葛藤という居心地の悪い状態の中で、どのように生き残っていくのかというサバイバルの一環として生まれる防衛反応＝ディフェンスが5つのキャラクトロジーです。

もちろんそれぞれの家庭にはそれぞれの特徴があり、環境や育てられ方、そして両親のキャラクトロジーや職業も含め、同じ家庭は世界に二つとありません。そのため、人によりどのキャラクトロジーがより強く現れ、どのキャラクトロジーがより弱く現れるかに多少の違いが出てきます。しかし、ここで少し考えてみてください。ディフェンスとして形づくられたたった5つのシステムを駆使して、私たちは幼い頃から現実に対応しよう、順応しようと奮闘してきているのです。

防衛することが間違っているわけではありません。防衛反応が「自分自身である」、ディフェンスシステムが「自分の性格である」と誤解し、それ以外の健全な方法を知らないまま、本来の自分自身から遠く離れた振る舞いを自動的に続けていることが問題なのです。自分がどのキャラクトロジーのディフェンスをしているのかを理解し、その対応法を知ることによって、私たちはその下にある問題の根源と向かい合うことができます。そしてそこを受け入れることで、本来の自分自身へと戻っていくことができるのです。

これらの作業は一人ではできません。自分を映し出す相手としての〝他者〟が必ず必要になります。関係性の中でついた傷は、関係性の中でしか癒すことができないのです。人との関係性の中で自分が起こしている反応や行動に注意深く気づき、それらを変えていけば、自分ばかりか相手をも癒していくことができます。

どうか、キャラクトロジーのパターンを十分に理解し、本来のあなた自身の性質へ戻っていってください。これはすべての人間が、今この瞬間、この地球に生きている理由のひとつともいえます。

クライアントが○○な場合

次に、クライアントのキャラクトロジーによってセラピストが注意すべき点を見ていきましょう。

〈クライアントがスキゾイドの場合〉

スキゾイドのバウンダリーはまるで障子紙のように薄くて弱いため、ほんのささいなことで怯えたり、怖がったりします。ですので、もしもあなたの目の前にいるスキゾイドのクライアントさんが身体を硬くしビクビクしているように見えたとしても、あなたが怖い人であるわけではないということを、あなたが分かっていてあげてください。クライアントはあなたのことを怖いと思っているかもしれませんが、あなたが怖いわけではないのです。

スキゾイドのクライアントと対する時に注意すべきことを具体的にお話しますね。まず、迎え入れる時には、真っすぐに目を見て話すことは避け、鼻の下辺りを見ながらやわらかく迎え入れてください。スキゾイドは触れられることによって安心感を感じるので、身体に触れてあげることはとても有効です。安心を感じるような身体の部位に優しくそっと触れ、あやすような話し方をしていくと次第に落ち着いていくでしょう。この時、セラピスト自身もゆっくりとグラウンディングしていくことが必要です。もしも何かの手違いでスキゾイドのクライアントを怖がらせてしまったら、おそらく次の予約はありません。けれども、怖がらせないことに重点を置いて接していれば、気が向いた時にまた連絡が入ります。

【相性】
スキゾイドのクライアント×スキゾイドのセラピスト＝○
スキゾイドのクライアント×オーラルのセラピスト＝○
スキゾイドのクライアント×マゾキストのセラピスト＝◎
スキゾイドのクライアント×サイコパスのセラピスト＝💀
スキゾイドのクライアント×リジットのセラピスト＝△

〈クライアントがオーラルの場合〉

オーラルは依存傾向が強いためリピーターになる可能性が高いのですが、その分要求も粘着質になり、セラピストが困ってしまうケースもままあります。まるで親を求める小さな子どものようにセラピスト側の時間的バウンダリーや金銭的バウンダリーを平気で侵害してきたりすることもあるでしょう。オーラルの際限のない要求に応え続け関係性が共依存的になってしまうと、お互いにとって良い結果は得られません。それを避けるためにも、時間や料金はあらかじめ明確に提示しておくようにしましょう。セラピストは、クライアントの依存傾向を優しく受け止めながら、クライアント自身が自分で考え、自立していくためにはどうしたら良いのかを支援していくことに重点を置いてください。

具体的には、セッションや施術の問い合わせに対応する時間を明確に決めておく、また、何かしらのシステムを通して予約を受け付けるようにするなどの工夫をすることで、オーラルのクライアントとの間に健全なバウンダリーを引くことができます。結果、長いお付き合いができるようになるでしょう。

【相性】

オーラルのクライアント×スキゾイドのセラピスト＝△
↓　スキゾイドの方がエネルギーが弱く、オーラルに取られてしまう

オーラルのクライアント×オーラルのセラピスト＝〇
↓　共依存にはまりやすい

オーラルのクライアント×マゾキストのセラピスト＝💀
↓　マゾキストは本当に欲しいものを与えてくれないため、オーラルのニーズに応

えることができない
オーラルのクライアント×サイコパスのセラピスト＝○
オーラルのクライアント×リジットのセラピスト＝◎

〈クライアントがマゾキストの場合〉

クライアントがマゾキストの場合、気をつけるべきは、セラピストがクライアント側に取り込まれてしまわないようにすることです。マゾキストは聞き上手なので、ついセラピストが自分の話をしてしまい逆にお世話されるような形にならないよう心がけてください。あくまでも自分がケアする側であることを忘れずに。

また、マゾキストはセラピストを権威者と捉えやすいため、権威者に対して〝良い子〟でいようとします。セラピストは、クライアントが権威者（セラピスト）のニーズに応えようと一生懸命になっていないかに常に注意を払ってください。クライアント自身が、本当は自分がどうしたいのかに意識を向けることのできるサポートを提供しましょう。

【相性】
マゾキストのクライアント×スキゾイドのセラピスト＝💀

マゾキストのクライアント×オーラルのセラピスト＝◎
マゾキストのクライアント×マゾキストのセラピスト＝△
↓　仲良くなり過ぎて共依存の関係に陥る可能性
マゾキストのクライアント×サイコパスのセラピスト＝○
マゾキストのクライアント×リジットのセラピスト＝○

〈クライアントがサイコパスの場合〉

サイコパスのクライアントに対する時に一番大事なことは、〝剣を下ろし続ける〟ことです。相手は挑戦的な言い方や目つきで来るということを肝に銘じ、とにかく話を聞き、受け入れてあげてください。決して戦おうとしないように。また、一つ間違うとクレーマーに転じやすいのがサイコパスのクライアントです。最初に、できることとできないことを明確に伝えてください。最初に明確にしておかないと、要求がエスカレートしていく可能性も十分にあり得ます。例えば、メニューにないものはできないということをはっきり伝えておきましょう。さらに、セッションの間は友好的であったとしても後に態度をひるがえして裏切ることもあるので、法的な整備を整えておくことも大事です。例えば同意書や規約を先に提示しておくことはサイコパスのそのような態度に対して有効に働きます。料金に対しても細かく反応するので、料金体系はあらかじめしっかりと決めておき、先に説明してください。

【相性】

サイコパスのクライアント×スキゾイドのセラピスト＝○

↓　突飛な想像力がサイコパスの興味と尊敬を引き出す

サイコパスのクライアント×オーラルのセラピスト＝△

サイコパスのクライアント×マゾキストのセラピスト＝○

サイコパスのクライアント×サイコパスのセラピスト＝○

サイコパスのクライアント×リジットのセラピスト＝💀

↓　サイコパスが屈辱を感じやすい

〈クライアントがリジットの場合〉

リジットはバウンダリーが硬く〝感じる〟ことが苦手なため、どんなタイプの施術であってもバウンダリーに関して問題が起こることはほとんどありません。けれども、最終的に目指すゴールは、リジットのクライアントのハートをやわらかくし、ハートの愛を感じられるようにすることです。それをサポートするためには、セラピスト側が感情を感じることを心がけてください。そうすることで、リジットのクライアントは、その世界に自然に引き込まれていきます。リジットと一緒にいるとこちらもカチコチに硬くなっていってしまいますので、セラピストはできるだけリラックスするよう努めてください。

リジットのクライアントは、基本的にどんなタイプのセラピストにもソツなく合わせることができます。

【相性】

リジットのクライアント×スキゾイドのセラピスト＝△〜○

↓ リジットの硬さにスキゾイドが飲まれてしまうことも

リジットのクライアント×オーラルのセラピスト＝△〜○

↓ リジットのバウンダリーの強さにオーラルが負けてしまうことも

リジットのクライアント×マゾキストのセラピスト＝○

リジットのクライアント×サイコパスのセラピスト＝◎

リジットのクライアント×リジットのセラピスト＝○

セッション中の身体接触にご用心

セラピーには身体的な接触がつきものです。身体的な接触をしても問題がないのはスキゾイド、オーラル、リジットのクライアントです。一方、マゾキストとサイコパスのクライアントに対しては、身体的接触に関して注意が必要です。

特にクライアントがサイコパスの場合、セラピスト（＝権威者）を誘惑して優位に立とうとすることがあります。細心の注意を払い巻き込まれないよう、セラピスト自身が自分のパーソナルスペースをしっかりキープするよう心がけてください。

それとは逆に、クライアントがマゾキストの場合、クライアント自身がパーソナルスペース

を保持できるようセラピスト側が留意することが必要になります。覚えておいてくださいね。

第二章では、キャラクトロジー別のバウンダリーの特徴やその適切な扱い方、対処の仕方をお話ししてきました。この本を読んでくださっているみなさんの仕事の場で、そしてプライベートな関係性においても、大いに役立つ実践的な内容をお伝えしていますので、ぜひ、さまざまな関係性に悩まれた時に読み返してみてください。きっと、有用な対処法が見つかることと思います。

ただし、セラピストとしてクライアントと接する際、二人の関係性においてほぼ確実に起こる〝転移＝現在の目の前の人の態度によって幼少期の体験が呼び起こされ、無意識にその時の感情や経験を相手に映し出す〟については特に注意が必要です。次の章ではこの転移について詳しくお話していきたいと思います。

［第三章］

プロのセラピストであるために

クライアントからの転移の扱い方

クライアントとの関係性で、「この人とどのように付き合ったら良いのだろう？」と分からなくなってしまった経験が、誰にでもきっとあるのではないかと思います。予定の時間が終わっても帰ろうとしない、こちらの都合はおかまいなしにメッセージを送ってくる、すぐに返信しないことに対してクレームを言われる、セッションが有効に進み本人からも「良かった」とフィードバックをもらっているにも関わらず陰口を言われる、支払いをしてくれない、支払いを滞納するｅｔｃ…。

今までにもお伝えしてきましたが、これらはすべてバウンダリーの問題です。あなたがプロフェッショナルとして他者に何かを提供する時、もしも健康的なバウンダリーを引くことができなければ、遅かれ早かれその仕事の範囲内においてさまざまな問題が起こってきます。プロフェッショナルとして仕事を続けていこうと思うならば、まずその問題の背後にあるバウンダリーについて理解することで、全体像を見通して対処していくことが可能となります。

この章では、クライアントとの関係性におけるバウンダリーの問題を、主に〝転移〟という観点から取り扱っていきたいと思います。

クライアントはセラピストに必ず親を転移する

私たちは誰しも、他者との関係性の中で、子どもの頃の体験を知らず知らずの内に再現しています。

子どもの頃、自分の家庭が他の家庭と違うことに気づいていた人は、一体どれくらいいるでしょうか？　それぞれの家庭の中にそれぞれの関係性があり、それらは一つひとつまったく違うものです。そして私たちはその後の人生で出会った人たちに対して、繰り返し家庭の中での体験を投影し、子どもの頃そのままのその感覚を無意識に作り続けています。

ほとんどの場合、幼少期の家庭の中には父親と母親がいて、自分がいて、さらに兄弟姉妹や祖父母がいます。私たちは、この家族の関係性の配置の中で成長していきますが、自分をケアしてくれる相手、つまりセラピストに対して、この関係性を必ず投影します。つまり、誰もが子どもの頃自分をケアしてくれた、あるいは自分がケアを求めていた相手をセラピストに投影し、その人との関係性の中で自分が取っていたやり方を再現し続けるのです。

別の言い方をすれば、セラピストを選ぼうとする時、〝自分と親との関係性に似た関係性を形作るであろう相手〟を知らず知らずの内に選びます。なぜなら、満たされていない内なるニーズや感情を目の前の権威者＝セラピストに映し出して再体験することで、子どもの頃は違和感を感じつつ理解することができなかった出来事に、理解を呼び入れられるからです。

プロフェッショナルなセラピストとして仕事をしていくのであれば、あなたのクライアントは間違いなくあなたに権威者＝親を転移してくることを理解しておかなければなりません。さらに、転移の取り扱い方によっては、クライアントを成長させ次のステージへとステップアップさせることもまた可能です。

転移には、〝ネガティブな転移〟と〝ポジティブな転移〟があります。どちらにしても転移には変わりなく、どちらも危険な要素を孕んでいます。

「ポジティブな転移だったら良いのでは？」と感じる方もいらっしゃるかもしれません。けれども、あなたにポジティブな転移をしているクライアントは、あなたに〝完璧な親像〟を見て、完璧な親の姿を求めていると思ってください。ですからクライアントの中に、ほんの少しでも「何かが違う」「これは理想的な権威者の姿ではない」という感覚が生まれた場合、手の平を返したようにあなたに辛辣な態度になります。

では、〝ネガティブな転移〟をされた場合にはどうでしょうか？　あなたが実際に言ったりしていないことであっても、クライアントの勝手なイメージや妄想によって、クライアントの中であなたは〝ひどい人〟に祭り上げられていきます。

なぜこんなふうに転移されるのかをセラピスト側が理解していないと、相手から向けられたポジティブあるいはネガティブな転移に対して、セラピスト自身の、過去に起きたクリアになっていない出来事をクリアにしていくためのプロセスが発動します。すると、今度は〝逆転移〟が起こるのです。つまり、セラピスト側もまた、クライアントに対して子ども時代のうまくいかなかった出来事を投影してしまうのです。

お互いに転移し合っているこの状態では、それぞれの内側でネガティブなドラマが繰り広げられるだけで、目の前の相手と本当に関わっていないという状況に陥ってしまいます。

転移された時に気をつけること

では、クライアントがあなたに権威者＝親を転移すると、実際にはどんなことが起こるのでしょうか？

あなたは間違いなくクライアントにとって〝悪者〟になります。もしくはクライアントが自分自身を〝被害者〟に仕立て上げます。それは、あなたが何かを間違った、何か悪いことをしたということではありません。転移により、クライアントの中で勝手に偉大な権威者のイメージが膨らみ、妄想が暴走し始めてしまうのです。

この時、クライアントが言うことをそのまま鵜呑みにしたり、あるいは相手が感じたことを打ち消そうとすることは危険です。それは、クライアントとの関係性を不健康な形に移行させていく後押しにしかなりません。

クライアントとの関係性においてセラピストがまず行うことは、〝クライアントは、必ずセラピストに権威者を転移する〟ということを理解することです。その上で、健康的なバウンダリーをどう引けば良いのかというポイントを常に見つめ続けてください。もしもセラピストがクライアントの妄想に引きずり込まれ、相手の言うがままに振り回されてしまったなら、最後に必ず嫌な思いを残す結果にしかならないでしょう。

　また、もうひとつ大事なポイントは、セラピスト自身が自分の逆転移のパターンに気づいておくということです。先ほども触れましたが、逆転移とは、目の前にいる相手が自分に何かを転移してきた時、自分もまた過去の出来事を思い出し、それがあたかも今目の前で起こっているかのように自動的に過去のコントロールドラマを再現してしまうことです。

　残念ながら、時に私たちはクライアントを失いたくないという思いから、相手の望みを次々に叶えようとして、自ら相手のバウンダリーの中に入って行ってしまうことがあります。けれども、あなたが自分自身の提供する仕事に敬意を持ち、プロとしての技術を大切にしようと思うならば、ここで健康的かつ明確なバウンダリーを引き続けることが大切です。最終的には、これこそが長いお付き合いを可能にしていく秘訣であるとも言えます。

転移が深刻化すると？

では、転移・逆転移の問題が深刻化していくとどうなるのか、いくつかの例を挙げてみましょう。

例えば、無償で技術を提供してしまう、セラピストとクライアントという垣根を超えて親しくなっていくことで「NO」と言いずらい状況に入り込んでしまう、といったものが挙げられます。また特にボディワークのセッションなどでは、セクシャルな関係に流れ込んでしまうケースもあります。

セラピストとクライアントが一旦その関係性になってしまうと、健康的なバウンダリーに戻すことは困難を極めます。なぜなら、より深い友人関係また恋愛関係に一度入ってしまうと、そこからもう一度仕事としてのバウンダリーを引き直そうとした時、「相手に嫌われるのではないだろうか」「変に思われるのではないだろうか」とセラピストの内面で葛藤が次々に呼び起こされるからです。そうならないためにも、まずはセラピスト自身が自分の幼少期の誤解に気づき、それを解放していくことが必要なのです。バウンダリーを健全に保ち続けるために、これは必須です。

相手が同じ人でも、仕事の場、友人としてのバウンダリー、また恋愛関係にある時と家族になった時のバウンダリーはすべて微妙に違っています。このことから分かることは、健康的なバウンダリーを引くポイントは、〝その人〟に対してバウンダリーを引くというよりは、自分の役割や目的に対していかに〝自己責任〟を取るのかであるという点です。どこまでが自分の責任で、どこからが相手の責任なのか。それを関係性の中でしっかりと見極めることが肝心です。

ここで大切なポイントは、一人の人との関係性の中でも、そこには複数のバウンダリーが存在しているため、それらを明確にして使い分ける必要があるということです。

例えばあなたというセラピストの元に、クライアントがお金を払ってセッションに訪れた場合、あなたは〝権威者〟の立場でその方の話を聞き、ニーズに沿った施術をしなければなりません。このことで、そのクライアントは、幼少期に両親という権威者との関係性の中で得ることのできなかった肉体的・感情的・精神的ケアを受け取ることができるのです。ただし、お金をいただいている以上、金銭的バウンダリーの観点から見ると、権威者はクライアントです。少なくとも二つのバウンダリーが、セラピストとクライアントという関係性の中に存在しているわけです。

セッション中は〝権威者〟としてクライアントに最高級のケアを与えながら、セッションが終了しお代をいただく時には、クライアントを権威者として取り扱うことが求められます。そうすることで初めて、二人の関係性に健全なバウンダリーを引くことができるのです。

もしもこのバウンダリーを理解することなく、お金をいただく時にもセラピストが権威的に振る舞ってしまうと、クライアントはどことなく不満感や不全感を感じます。子どもの時の、お世話はしてくれるけれど自分への愛と敬意を感じられない両親との関係性をその瞬間に再現するからです。

間違った権威の使い方がもたらすもの

クライアントとの間に、健康的なバウンダリーを引く上でもうひとつ気をつけたほうがよいポイントは、〝パワーと権威〟です。

セラピスト側は、セラピストとして自分の役割は何であるのかを理解し、プロフェッショナルとして、その役割をどのように役立てることができるのかに常に注意深くあらねばなりません。これが、役割的バウンダリーです。クライアントにとってセラピストは自分自身を預ける相手です。そこに信頼がなければ、クライアントが望む健康的な状態にもなれませんし、セラピストがクライアントを導くことも難しくなります。

セラピストの役割の一つに、クライアントに提案やアドバイスを行ったり、時には間違いを指摘して新たな方向へ目を向けさせるというものがあります。けれどもこの時、自分が親にされてきたことと同じやり方を無意識にクライアントに対して行ってしまっていることがあります。プロフェッショナルとして利益を得ている以上、あなたのスキルはクライアントに奉仕するために使われるためのものです。セラピストがクライアントより強い立場に立つことは、すなわち役割的バウンダリーを引けていないことを意味します。

役割的バウンダリーの誤解を生む可能性を持つ別の要素に、日常の社会生活の中で垣間見える、自分の中にある〝目上・目下〟という上下関係の概念です。

お金を払ってサービスを受ける立場として向かいあったとしても、セラピスト側により多くの知識と権限があるような状況では、クライアントが自分自身に対して権威を持ち続けることが難しくなりがちです。セラピスト側も、サービスを提供して報酬をもらう立場でありながら（金銭的バウンダリー）、相手よりもたくさんの知識や方策を知っているがゆえに、クライアントに対し目上の存在として対応してしまう傾向が見られます。そうなってくると、健康になりたいと思ってあなたの元にやってきたクライアントの本来の力を奪ってしまうこととなります。

このような事態を避けるために、プロフェッショナルとして、仕事におけるバウンダリーを作り、維持する責任はセラピストにあることを忘れてはなりません。助言やガイダンスを求められる職業においては、目下、つまり力のないポジションの人へ奉仕しなければならないのです。そして、自分が目上、つまり力を持っている側にある時には、相手に対して強い影響力と権威があり、言葉や態度の一つひとつに大きな責任があることを理解しておかねばなりません。クライアントとの関係性の形成において、セラピストは、その責任の重大さを理解して欲しいと思います。

セラピストの間違った力と権威の使い方の例を挙げておきますね。

相手の傷つきやすさを利用して自分が利益を得るように仕向けること、自分の計画をまっとうするため相手をコントロール、あるいは操作しようとすること、相手の世話をしたり相手の問題を解決しなければならないと感じること、自分の限界と力量に関して相手に事実を曲げて伝えること、相手を間違った方向に導くこと、職業的な倫理観を放棄すること、仕事におけるプロとしてのバウンダリーを保持しようとしないこと、クライアントとの関係性において起こってくる葛藤や誤解を修復しようとしないこと。

などがよくあるものとして挙げられます。

プロフェッショナルなセラピストとしてのあなた自身の役割を理解し、パワーと権威の使い方を間違えないよう、注意深くいてください。この使い方を間違えることは、すなわちクライアントとの間に不健康なバウンダリーを引いていることにほかなりません。

転移に直面した時に大切なポイント

〝転移〟についてここまで読み進めてこられて、「じゃあどうすれば良いの？」と頭を抱えている方もいらっしゃるかもしれません。転移というのは、自分以外の誰かと関係を結ぶと必ず起こってくる相互関係の反応です。ですから、転移を完全になくすことはできません。

転移に直面した時に大事なことは、「今、自分は目の前の相手に転移をしている」という事実に気がつき、ジャッジすることはせず、「今、自分に何が起こっているのか？」を自分自身に問いかけ続ける姿勢です。

クライアントから権威者を転移された時には、このようにして自分自身に意識を向け続けてください。そうすることで、セラピストは自分自身の反応に気がついていくことができます。さらに、その反応の下に幼少期の傷があり、幼少期そのままに自分が反応し行動していることに気がついたら、その責任をあなたが自分で取るのです。そうすれば、少なくとも目の前のクライアントとの関係性が泥沼化することはありません。一線を引いた心地良い関係性の中にありながら、クライアントとセラピストそれぞれが自分自身の内面を深めていくことが可能となります。

ポイントは、〝相手ではなく自分にある〟ということです。例え関係性の中で相手がどう反応しようとも、見るべきは相手ではなく、

・自分がそれをどう感じているのか
・その結果、自分の身体に何が起こっているのか
・そこからどんなふうに思考が働き、どんな風に行動したいという衝動があるのか

です。

関係性の中でこうして自分自身と対峙することによって、クライアントも、そしてセラピスト自身もゆっくりと自分の中の傷からの反応を癒していくことができるのです。

ある関係性において自分の反応の傷を癒すことができると、それまでと同じように相手から転移されることがなくなります。つまり、相手にとって転移するのが難しくなるのです。その結果、二人の間には自然に健康的なバウンダリーが引けるようになるでしょう。この一連の流れこそが、セラピストにとってもクライアントにとっても、大きな気づきと学びをもたらすのです。

ここで、私の体験をひとつシェアしますね。以前、あまりに現実に問題が次々と起こるということで、先輩セラピストが私のセッションを受けに来てくださったことがありました。

セッションの中で、問題点に入っていくための入り口を見つけたので、そのポイントを見ていくことをお勧めしたのですが、その方は、私の提案を一切受け入れませんでした。元々私の先輩という立場でしたので、私のことをセラピストとして見ることが難しかったのだと思います。おそらくこの時点で彼女は、「お母さんのことがとても好きだけれど、お母さんには反抗する」という、〝母親へ反抗する転移のパターン〟を私にしていたのだと思います。

一時間のセッションの間、彼女がテーマとして持ってきた問題には何の進展も起こりませんでした。そして時間が来たので、タイムバウンダリーを引いて私がセッションを終わらせようとしたところ、彼女は烈火のごとく怒り始めたのです。これは推測ですが、子どもの頃、そうやって親の前で癇癪を起こすと、両親が彼女の機嫌を取り始めたのではないかと思います。彼女はすごい剣幕で怒り続け、結局セッションが終わってから一時間以上、文句を言われ続けました。

こんなことが起こると、その方のセッションをお受けすることが怖くなってきます。けれども彼女からはそれ以降もセッションの申し込みがありました。

そこで私は、彼女との関係性において自分が誤解している場所はどこなのかを知ろうとセルフワークを行いました。ワークを通して気づいたことは、セラピストとして権威者の立場にいなければいけないにも関わらず、彼女が学校時代の先輩であったがために、私は、あたかも彼女が権威者であるかのようにオートマチックに反応してしまっていたことです。私は彼女とのセッションにおいて、自分自身のパワーをなくし、権威を相手に明け渡してしまっていました。ですから、次のセッションでは、自分に権威を持ちながら、愛ある「NO」を彼女に伝えると決めたのです。

そして次のセッションで、彼女はまた前回と同じように、終了時間が来ると文句を言い始め、時間を引き延ばそうとし始めました。そこで私は、「バウンダリーをしっかり引けないセッションは、私はこれ以上お引き受けすることはできません」とはっきり伝えたのです。すると彼女は「分かりました」と引き下がり、その後、二度とセッションを申し込んでくることはありませんでした。今でも彼女とは、適度な距離を持ちながらお付き合いすることができています。

さらに、何よりもこの一件で収穫だったのは、当時、同じようにバウンダリーの取り方が分からないクライアントが何人かいたのですが、私が自分の立ち位置と明確なバウンダリーの引き方を体得したことで、その方達との間の問題が、何事もなかったかのようになくなってしまったことです！　これはすごいことだと思いませんか？

クライアントのバウンダリー感覚を成長させるためには？

何度もお伝えしてきましたが、プロフェッショナルとしてクライアントと向かい合う時、自と他を分けるしなやかで明確なバウンダリーを引くことができれば、その関係性は自然と常に心地良いものになります。

具体的には、親切でありながらも相手に入り過ぎず、入り込ませず適度な距離を保って、適切に対応していくということです。セラピストが自らのバウンダリーを健全に保つことは、相手の成長を自然に促し、相手のバウンダリーを適切に発達させることにもつながります。

セラピストがクライアントに対して健康的なバウンダリーを引く時には、相手から繰り出されるさまざまな反応に対して「NO」と言うポイントを見極めなければなりません。この時、セラピスト自身の〝心地良い〟あるいは〝居心地が悪い〟という感覚が物差になります。少しでも居心地が悪いと感じるのであれば、一旦距離を取り、もう一度、居心地の良い状態で触れ合えるような距離感を調整する必要があります。セラピスト自身がそこに注意を払うことで、クライアント側も、「これ以上は入ってはいけないのだな」「ここまでは入っても大丈夫なのだな」という相手との距離感を学び直すことができます。

各キャラクトロジー別 ケア&サポートの方法

セラピストは、クライアントのニーズや発達段階の状態に応じて、ケアやサポートの方法を変えていく必要があります。私が自分のセッションで、クライアントによってどんな点に注意を払っているのか、またどのように対応しているのかをお話ししますね。

〈スキゾイド〉

自分のバウンダリーの領域が曖昧なことが特徴。スキゾイドは、赤ちゃんのように誰かに保護される、また誰かにくっついていることによって安心感を得られるため、たやすくバウンダリーを超えてこちらの領域に入ってきます。セラピストは、スキゾイドのクライアントが「拒絶された」と感じてしまわないように気をつけながら、自分にとって居心地の良い距離感まで

下がってください。クライアントが不安になったり怖がったりしている場合、逆にセラピストが自分のフィールドの中に一時的に入れて保護してあげるとやがて落ち着いてきますので、それを優しく見守ってください。

〈オーラル〉

自分では何もできないと信じているオーラルは、何もかもを求めてきます。ゆえに、オーラルのクライアントと接する際、セラピストは優しく「NO」を伝える必要があります。この時に注意しなければならないのは、突き放したり、嫌がったり、怒ったりしないこと。このような態度をセラピストが取ると関係性が悪化してしまいますので、そっと離れる工夫をしてみてください。離れる時は〝そっと〟離れることがポイントです。

〈マゾキスト〉

友好的で、セラピストの話も難なく受け入れ会話が弾むのがマゾキストのクライアントの特徴ですが、最終的にちゃぶ台返しをする可能性を想定しておく必要があります。ちゃぶ台返しとは、例えばセッションの間は〝良い子〟の顔をしていながらも、終わった後に「良くなかった」とクレームを入れるといったように、どれだけセラピストが心を込め時間をかけたとしても最後にそれをひっくり返してくる、実は非常に扱いにくいタイプです。またバウンダリーの概念が5つのキャラクトロジー中ではもっとも曖昧で、どこまでも〝あなたのため〟という隠れ蓑の下、侵入して来ようとします。そんな時にはつい押しの強いマゾキストのペースに巻き込まれてしまいがちになるため、セラピストは、自分のバウンダリーを尊重するため物理的に距離を置くことがベストな選択です。

〈サイコパス〉

とにかくありとあらゆることで絡んできたり、戦いを仕掛けてきたり、マウンティングしてきたりする可能性があるのがサイコパスのクライアントです。まずは聞き役に徹してください。そして、決して戦わないこと。

サイコパスのクライアントに対する時、セラピストにとって何よりも大事なことは、相手が言っていることを「あなたはそうなんですね」と受け入れる寛容さです。また、自分の〝無実〟を主張しないようにすることも大事です。相手が無実を主張し始めるとサイコパスは態度が好戦的になりますので、とにかく戦わないこと。「自分の真実は何か」「相手の真実は何か」という立ち位置に自分を置き続けるよう心がけてください。関係性の中でハートに痛みを感じることがありますが、相手はクライアントなのだという意識を常に持

戦わない
本日のアロマでございます
イロイロ
私、知ってるのよ

ち、心地良く帰っていただけるようにしてください。
一日クレーマーに転じたサイコパスは大変厄介です。
気をつけましょう。

〈リジット〉

リジットのバウンダリーはとても硬いので、セラピストが適切な立ち位置にある限り、セラピストとクライアントとしてのバウンダリーを超えてくることは滅多にありません。逆に、そのバウンダリーの硬さゆえに問題を抱えているような場合は、バウンダリーをやわらかくする必要性を説明する必要があります。硬直した硬さが取れれば、リジットはとても親しみやすい、優しく素直な性格をしているので、その部分が出てくるようなサポートを心がけると良いでしょう。

あるあるケースとベストな対応

ここでは、セラピストとクライアント間の、〝バウンダリーあるある〟トラブルと、その対処法を簡単に紹介しておきます。

■メッセージやメール攻撃をしてくるクライアント

↓ 相手はそれが迷惑行為にあたるとは夢にも思っていないということを理解した上で、例えば9時から17時以外には一切対応しないなど、返事をする時間を限定する。

■お金を払わないクライアント

↓ とにかく定期的に、繰り返し何度も支払いの催促を定型文で送り続ける。

■回数券など、先払いをしてあるものを最後まで使い切らないクライアント

↓ 回数券の期限を例えば1年と定め、その旨を明記。

■毎回支払いが遅れるクライアント

↓ 前の支払いが終わらなければ次のセッションを受けないようにする、分割払いの上

限を決めるなど、枠を明確にする。

■家に上がり込んでくる、セッションが終わっても帰らないクライアント

↓「プライベートな時間が必要なので帰って欲しい」と明確に伝える。

■男性のクライアント（女性セラピストの場合）

↓自分を守るため、男性の場合には遠隔セッションのみとする、どうしても対面セッションを希望される場合には、対面の料金と遠隔の料金を分けて提示するなど。中には実際に恋愛のアプローチをしてくるクライアントがいるのも事実です。そのような場合、電話で話したり直接会ったりという対応は一切せず、メッセージやメールには丁寧に対応。断る時も丁寧に、しっかりお断りを入れる。

第三章では、プロのセラピストとして必要な心構えなどを主にお伝えしました。いくら習熟したスキルを持ったセラピストであっても、クライアントとの関係性の中で絶えず起こってくる問題や課題をクリアしていくためには、注意深く自己を見つめていく必要があります。大事なポイントをぜひしっかりおさえておいてくださいね。

バウンダリー Q&A

ここでは、実際にバウンダリーに関する悩みを抱える、
セラピストやクライアントの質問にお答えします。

Q1

「バウンダリーを引く」という言葉に違和感と嫌悪感を感じます。みんなでつながりあった方が、素敵な世の中になると感じるのですが…。
(ヒーラー・男性)

A おっしゃるとおり、日本語の「バウンダリーを引く」という言葉からは、なんだか相手との関係性が遮断されてしまうような印象を受けますよね。英語では、「draw boundary」「set boundary」と変換されます。日本語の「引く」にあたる単語「draw」は絵を描く、また引き分けになるという意味を持っていますし、「set」は正しい位置に置く、整える、設定する、という意味です。随分印象が変わりませんか？　バウンダリーを適切にsetすることで、他者との間で不要な衝突を防ぎ、友好的な関係を継続的に続けることが可能となります。またバウンダリーをdrawするというのは、関係性を新しく創造してゆくために、心地良い関係性づくりにお互いが関わっていく姿なのです。

Q2

バウンダリーを引くことがとてもこわいと感じます。一人ぼっちになってしまうような、そんな恐怖を感じます。(アロマセラピスト・女性)

A バウンダリーを引くことによって一人ぼっちになってしまうという感覚は、子どもの意識からのものの見方です。子どもは親から離れることを不安に思い、一人ぼっちになることを恐れます。例え話をすると、溺れそうになった時、助けに来てくれた人にしがみついてしまうと、その人もろとも水の中に沈んでしまう可能性が高くなります。ですが、自分を保ちながら浮く努力をすれば、助けに来た人はあなたをより早く安全なところまでスムーズに運ぶことができます。前者が子どもの意識で、後者が大人の意識を保ちながら自分に権威を持ちつつサポートを受け取っていく姿勢です。

Q3

これまでにさまざまなセラピーを受けて来ました。どのセラピーも、初めは効果を感じるのですが、途中で必ずセラピストやスクールに嫌気がさしてしまいます。どうしたら良いでしょうか？（クライアント・女性）

A 自己探求を続けてこられた中で、あるポイントから先に進めないということは、成長のエッジに立っていらっしゃるのだと感じます。もしもあなたが完璧なセラピストを探し続けているならば、そんな人は一生現れないということを受け入れる必要があります。私たち人間は不完全で、常に不安定な生き物です。完璧なセラピストを求め続ける限り、自分にも完璧さを求め続けるので、あなたの望む本当の意味での癒しには辿り着けないでしょう。子どもの頃、両親や先生といった権威者から「完璧さ」や「良い子であること」を求められていませんでしたか？　自分の中に、どんな自分でも完全に受け入れ認めてもらいたいという子どものニーズがあることを感じてみてください。あなたの内側で子どもの自分と今の大人の自分との間にやわらかな境界線を引き手放していくことで、そのエッジを超えられます。

Q4

なぜか高圧的なセラピストがいるセラピーばかり受けに行ってしまいます。そのセラピストのために「すごく良かったです！」と合わせなきゃいけないような気がしてしまいます。（クライアント・女性）

A 私たちは、自分の傷を癒すため、子ども時代の傷にぴったりと合う相手を無意識に引き寄せます。関係性の中でついた傷の誤解は、関係性の中でしか紐解けないからです。子どもの頃、高圧的な権威者は周りにいませんでしたか？　そのような関係性において、無力な子どもは、生き延びるため自動的にそれに迎合するというパターンを形作っていきます。自分を癒すためには、相手に自動的に合わせるというこのパターンを超え、「NO」と言うチャレンジをしていく必要があります。高圧的なセラピストとの関係性の中で、本当にあなたが感じていることや思っていることを表現できるようになっていくと、出会うセラピストの質も徐々に変わっていきます。

Q5

どうしてもみんなの上に立ちたい気持ちがあり、自分のセラピーが一番だと、同業者やクライアントをマウンティングしたくなります。どのようなバウンダリーを自分に引けば良いのでしょうか？(ボディワーカー・男性)

A 学びには人それぞれ最適なタイミングがありますので、セラピストは繊細なサポートをしながらセッションを進めていかなければなりません。例え「こうしたら良い」ということが分かっていても、それを伝えるだけでは十分ではないのです。必要なのは、その人自身が体験を通してそれを学んでいくというステップです。学びの中には葛藤も困難もありますので、セラピストには、それらをホールドするスペースやわらかさ、忍耐も必要です。
ですから、どのようなバウンダリーを引くのが最適なのかと問われれば、「愛のバウンダリー」を持つことです。あらゆる葛藤や感情を体感し、それを共感を持ってセラピストに受け入れてもらった時、初めてクライアントの中に新しい扉が開きます。セラピストは、特等席でクライアントの変容を目の当たりにすることができます。そして優れたセラピストは、それが自分への最高の滋養と最大の賛辞であることを知っています。

Q6

ヨガティーチャーをしています。生徒さんで、きちんとした生活や食生活をしない人をみると、余計なお世話と分かりつつ「そうじゃない」と相手のためにアドバイスをしたほうが良いと感じてしまいます。(ヨガセラピスト・女性)

A 教え導くというティーチャーという権威的な役割を担っている時に気をつけなければいけないのは、自分の役割は何なのかということです。つまり、間違った有害な権威者であるか、あるいは聖なる権威者であるか、自分がそのどちらに立っているか、常に注意深く気づいている必要があるのです。間違った有害な権威者は、厳し過ぎたり甘やかし過ぎたりと両極に振れる傾向があります。その結果、相手の力を奪い去り、一方ですべての責任を負わなければいけないという立場に自分を置くことになるのです。対して聖なる権威者は、相手の選択が間違っていたとしても、間違いを許しながら学びを深めていくための安全なスペースをホールドします。

あなたはどちらの権威者になりたいですか？　そしてこれはまた、あなた自身の学びのプロセスの一環でもあるのです。

Q7

セラピーがある所まで進むと、必ずクライアントが親を転移してきて、関係がこじれてしまい途中で辞められてしまいます。その度に、「本当に癒されたい人はいるのだろうか？」という気分になります。(セラピスト・女性)

A 第三章でお話ししましたが、ほぼすべてのクライアントはセラピストに親を転移します。さらに、セラピストもクライアントに逆転移し、それによって関係性がこじれていくことも起こります。ゆえに、あなたが今後、クライアントと継続的に関わっていきたいと思うならば、まずあなた自身がクライアントからの転移に対してどのような逆転移を起こしているのかを客観的に見る目が必要です。

クライアントはあなたに理想的な親の姿を押しつけてきます。「親からこんなふうに返して欲しい」という要求と、「でもきっとこんなふうに返ってくるだろう」という隠された確信を持って、セラピストに親を転移してくるのです。セラピストはそれを分かった上で、相手が要求している姿でも相手が確信している姿でもない、本来のあなた自身の姿で表現することによって、良い意味でクライアントの転移を裏切ってください。そのことがクライアントを現実に引き戻すサポートとなります。

ぜひ、向けられた転移に対して、自分自身のワークを深めてみてください。あなたの元を訪れるクライアントが、現実に向かい合い受け入れる能力を高めるサポートを提供していってくださいね。

［第四章］

健康的なバウンダリーの引き方

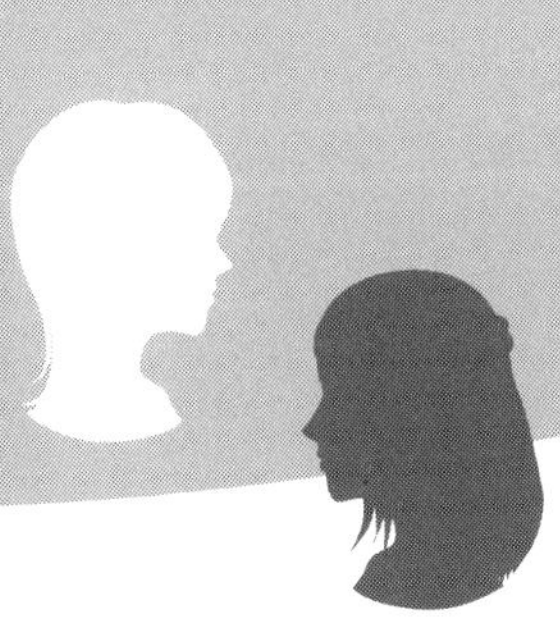

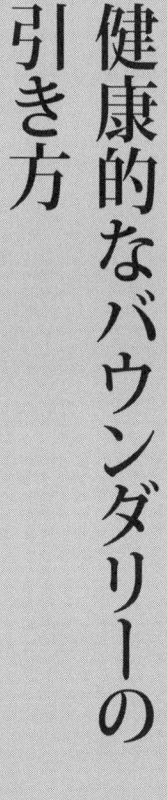

常に健康的なバウンダリーを引くために

ここからは、セラピストとしてだけでなく、実生活でも使える、健康的なバウンダリーの引き方をお伝えしていきたいと思います。

私は2012年頃に、全国でバウンダリーに関するワークショップを開催し始めました。もちろん、バウンダリーだけにとどまらず、エゴ（自己・自我）や、ロウアーセルフ（本来の自分自身から分離し、子どもの誤解の意識の中にとどまったまま、それが本当の自分であると誤解している自己）など、より良く生きるために必要な概念などお伝えしたいことはたくさんあるのですが、まずはバウンダリーの存在を多くの人に知って欲しいという思いが強くあったからです。けれども、ワークショップで体感的にバウンダリーを理解することはできても、ほとんどの方が、「実生活だとすぐに混乱してしまう…」と、立ち止まってしまいます。

私たち日本人がこんなにもバウンダリーで苦労するのは、前にも触れましたが、日本は周囲を海に囲まれた島国だからだと言えなくもないと私は考えています。それに加えて農耕民族であったというのも、民族的にバウンダリーの概念が薄い大きな要因ではないでしょうか。前述していますが、農耕民族は生きるためにみんなで協力して畑を耕し、作物を育てていくので、みんなが一つになっていなければ生死に関わる事態が引き起こされる懸念が常にあったのです。

私はよくワークショップで、「欧米人のバウンダリーはそれぞれが遠く離れて点在している状態で、日本人のバウンダリーはみんながくっついている状態である」と説明しています。どちらが良いとか正解というわけではなく、このどちらも、社会としてコミュニティとしてスムーズに機能することが難しいという点では同じです。生きていくためにはお互いに離れなければならなかった、距離を取らなければ生きづらかった狩猟民族の欧米人と、生きるために村があり、くっつきあって生きていかなければならなかった日本人。欧米的バウンダリーの概念と日本的バウンダリーの概念はこのようにまったく異なります。

けれども私はこれからの時代、重なり合い混じり合ったバウンダリーの部分をそれぞれが意識し、互いに自と他とを分けながらその境界線で出会い、触れ合いながら互いの情報を交換するという段階に成長していく必要があると感じています。

次のページからは、〝健康的なバウンダリーを引くためのコツ〟を、私自身がこれまで関係性の中で経験した例を通して説明していきたいと思います。

「set boundary」と「draw boundary」

これからバウンダリーを引いていこう、もしくはすでにそれにチャレンジしている方に共通してあてはまることかと思いますが、バウンダリーを引くと、関係性がうまくいかなくなったように感じたり、相手を拒絶するような罪悪感に陥る、というような感覚が生まれるかもしれません。あるいは相手にバウンダリーを引かれることを考えると、自分が孤独でひとりぼっちになったような感覚になるかもしれません。しかしこれらは、〝バウンダリーを引く〟という概念を理解していないゆえに起こる誤解です。

「バウンダリーを引く」という行為は英語で「set boundary（バウンダリーをセットする）」「draw boundary（バウンダリーを分ける、描く）」といったように変換されますが、これが分かりやすいので、この英語表現を用いて説明しますね。

「set boundary」は、「ここまでが私の領域でここからがあなたの領域です」と明確に線引きするルールや取り決め、あるいは約束といった明確なラインをセットすることです。例えば家のドアから内側は自分の領域で、ドアから外側は誰でも通れる領域であるように、「set boundary」には、自分を守り、自と他を分けることによって混乱を防ぐ作用があります。

もしここが曖昧だと、開け放ったドアから知らない人が入って来たり、家の中の物を勝手に荒らされかねません。しかもその場合、ドアを開け放していた側の責任も問われることになるでしょう。「ここまでが私の領域です」と主張することは、決して人間関係に悪いことを引き起こすばかりではないということが分かるかと思います。

次に、もう一つの表現、「draw boundary」は、「set boundary」とどんな違いがあるのかをみてみましょう。draw という単語は、〝引き分けにする、描く〟という意味合いがあります。先ほど例に挙げたように、セットしたバウンダリーを超えて家に入って来られた時、「ここは私の家なので出て行ってください」と相手を押

し返すことはこの「draw boundary」にあたります。バウンダリーをセットしているにも関わらず、相手がそれと気づかずに入ってきた時、自分の心地良さを維持するため、外側にセットした境界線を相手に認識させ、外に出て行ってもらうコミュニケーションややり取りも「draw boundary」の中に含まれます。

例えば喫茶店などに入った時、誰が支払いをするかでやり取りをしている人たちを見かけたこと、もしくは自分がそんなシーンを体験したことがあるという方も多いと思います。「ここは私が払います」「いえいえ私が」「自分の分は自分で払います」という、笑い話のようにも使われるあのやり取りですが、これも「draw boundary」の一種です。心地良い関係性を維持していくために、私たちは常日頃から他者と

の間でこの「draw boundary」を行い続けているわけです。「draw boundary」は、心地良い関係性を創造するための秘訣とも言えます。

「set boundary」において、バウンダリーをセットする位置を誤解していたり、あるいは「draw boundary」のやり方を知らなかったり誤解していたりすると、常に人間関係において問題を抱えることになってしまいます。そしてそれら関係性における問題がさまざまに形を変え、私たちの目の前に立ち現れます。

健康的なバウンダリーを上手く引けるようになるためには、この二つの考え方を理解する必要があります。

肉体的（物理的）バウンダリーの引き方

ここからは私の体験と共に、健康的なバウンダリーの引き方をお伝えしていきます。まずは、〝肉体的（物理的）バウンダリー〟から紹介します。

〝生きる〟ことに大きく関わっているのが肉体的バウンダリーです。

まだ私が若かった頃のことです。私は、どこからどう見ても「この人、危険な人でしょ？一般人じゃないよね？」というコワモテの男性をまったく怖いと感じず、むしろ好ましいとすら思い、自ら近寄って行くことが頻繁にありました。友人たちからは「怖くないの？」と聞かれましたが、当時の私は彼らに対して「怖い」という概念を持ち合わせていませんでした。なぜなら彼らは表面的には礼儀正しく優しく私に話しかけるので、怖いとは思えなかったのです。

なぜこういうことが起こるのか、理由はいくつか考えられます。ひとつは幼少期、常に言い争いがある恐怖エネルギーの中で育っていたこと。そしてもうひとつは、本来自分にとって安全なはずの父親から暴力を振るわれることによって、「生き延びるために自分を守るには、父親よりもっと強くてもっと怖い人の側にいなければならない。それが私の生き残る術だ！」と、無意識で誤認したことも大きな要因であろうと思います。私の中には、父親と触れ合いたい、コンタクトしたいというニーズがありました。けれども父親との触れ合いは常に痛みを伴う体験であったため、成長してからは、コワモテでありながら優しく話しかけてくれる人に対しては怖いと感じることがなかったのです。

私は、自分の中にあった父親との触れ合いに関する誤解に気がつき、その傷を癒しました。さらに、暴力を受けていた時の恐怖の感覚を身体で感じ、流し、筋肉からリリースすることで、〝怖さ〟を正確に感じられるようになりました。それからは、怖そうな人に対しては怖いと思い、コワモテな男性には近づかなくなりました。今では電車に乗る時には女性専用車両を好んで使うほど〝怖い〟という感覚が回復しています。

感情的バウンダリーの引き方

「感情的バウンダリーを健康的に引くためには？」と考えた時に思い起こすことは、母との関係性です。私は母のことを深く愛していて、母に見捨てられることは私にとって恐怖でしかありませんでした。それが、機能不全の家庭に留まり続けていた理由です。

幼い頃の私は、母の小言や叱責を重く苦痛に感じながらも、目が覚めると母の姿を追い求め、母に会うことを毎朝心待ちにするほどでした。「母がいないと生きていけない」という完全な依存状態だったと思います。にも関わらず、父から私が暴力を受けた時、母は私を守ってくれませんでした。そのことで母親に対する感情的なバウンダリーがさらにあやふやになっていったと今は考察しています。

守って欲しいという要求、母を愛しているという気持ち、そして愛を受け取って欲しいという欲求の中で、母がどれだけネガティブな言動を取ろうとも、私は自分から喜んで母の近くに行きお世話をしていました。けれど苦しさを感じては喧嘩になり、そしてまた近づくという悪循環の中にずっと入っていたのです。家を出た後もその状態が変わることはありませんでした。人は自分自身に向かい合わない限り、どれだけ年齢を重ねても、本当の意味で自分の行動や思考のパターンを変えることはできないのです。

母に対して感情のバウンダリーを引けるようになったのは、私が子どもを産んでからです。自分に守るべき存在ができた時、母からそれまでのパターンで浴びせられるネガティブな感情やお世話に、初めて厭わしさや煩わしさを感じました。バウンダリーを強化することができたのは、それを感じた時からです。私たちは、どのような感情も感じる必要があります。そして、特に怒りや憎しみ、嫌悪感といったネガティブな感情を感じることによって、初めて自分と他とを分ける境目が明確になるのです。

母とのバウンダリーが曖昧だった頃、私の主権は私にはなく、母に依存的に引き渡されていました。それが、自分の足で立ち上がった時から、「感情のバウンダリーを健康的に引けない」という、私と母との間に横たわっていた問題がクリアになっていったのです。

その後も母はそれまでのパターンを繰り返し、ネガティブな感情を私にぶつけては私がそれを拾い、喜んで母の所に持ち帰るような関係性を求めていると、時折感じることがありました。けれども、その都度私は健康的なバウンダリーを引き続けました。具体的には、「それはお母さんの感情だよね。私は今、こう感じている」という立ち位置に居続けることで、喧嘩ばかりしていた母との関係性が劇的に改善されたのです。その結果、居心地良く仲の良い親子になれたと感じていますし、今のような関係性は初めてのことです。

精神的バウンダリーの引き方

精神的バウンダリーが明確に引けなかった頃、私は、自分の考えていることや思っていることが正しいと感じられず、相手の考えていることの方が自分より素晴らしいと誤解していました。そして、自分の中から何かワクワクとした感覚が湧いてきても、それを自分の周りの権威者に問うていました。つまり、何かを「したい」と思ったら、権威者にそのことをどう思うかと尋ねていたのです。それにより幼少期から、自分の考えたことや夢をことごとく潰されるという経験をしてきました。

父は親分肌で剛毅な一面も併せ持つ人で、「困った時には何でも言ってこい」が口癖でした。けれども長いこと、私が父に援助をお願いすることはありませんでした。この〝伝家の宝刀〟を使おうと思ったのは、後にも先にも一度きり。自分が本当に一番やりたいことが見つかった時です。

結婚・出産後、どうしてもアメリカの大学にヒーリングを学びに行きたいと思ったものの、高額な授業料を払う蓄えもなかった私は、今こそ父にそれを叶えてもらう好機であると考えたのです。けれどもその思いは父の一喝によってボロボロに崩され、屈辱感と惨めさを味わうこととなりました。そしてその時私は「もうこの人には頼まない」と、自分の力で生きること＝精神的な独立をすることを初めて意識したのです。

父は、母や兄弟たちに対しても、相手の話を奪ってはそれを弄んで投げつけて返すようなコミュニケーションしかしようとしない人でした。けれどもそれ以降、自分に主権を持ち始めた私は、父に対して「あなたはそう思っているんですね（私はそうは思っていません）」と伝えることができるようになり、それを続けていった結果、父と私との関係性は劇的に変わっていったのです。やがて父は私に、「子どもの時に辛くあたって悪かった」と謝ってくれました。

もしも私が父に対して精神的バウンダリーを引けず、「子どもの頃こんなひどい目に遭わされたのだから、私は父に世話をしてもらうべき」という誤解にとどまり続けていたならば、決してこの奇跡は起こらなかったでしょう。私と父との関係性が変わると、父と私の息子との関係性にもまた健康的なバウンダリーが引かれ、今はどちらも穏やかで優しい関係性の中にあります。

エネルギー的バウンダリーの引き方～サイキックアタックへの対処法～

〝エネルギー的バウンダリー〟と聞くと、みなさんはどう感じますか？　結界とかサイキックな戦いとか、漫画の中に見るような特殊な世界を想像されるかもしれませんね。けれども人と人との間には必ずエネルギー的なやり取りがあり、分かりやすく表現される言葉や行動よりも、このエネルギー的なやり取りに秘められた悪意やネガティブな喜びこそが、私たちの日常の不具合や悩みを形作っていると言っても過言ではありません。

一人の人間が感じている何らかの感覚や感情を、実はその周りにいる人たちはたやすく察知することができています。また、何かしらの関係性にある人と人との間では、例え物理的に離れていたとしても、片方に起こった感情的な変化が相手にもその影響を与えます。これがいわゆる「サイキックアタック」と呼ばれるものです。

ですから、実は私たちは常日頃からエネルギー的バウンダリーが侵害されているような状況にさらされているということです。言葉や態度、暴力からどのように自分を守るかと同じように、このエネルギー的なやり取りに対しても、私たちはバウンダリーを引く必要があります。目には見えない繊細なやり取りから起こる自分の反応をどう扱えば良いのか、サイキックアタックに対してどのように健康的なバウンダリーを引けば良いのかを私たちは知っておかねばなりません。

　では、エネルギー的なバウンダリーをどう知覚し引いていくかを詳しく見ていきましょう。


　私の体験をお話します。ヒーリングの大学に通っていた頃なのでもう十数年前のことになります。

　ある仕事を先輩と協力して行っていた時、意思の疎通を取ることが難しく感じる先輩がいました。ある時、その先輩からメールが届いたのですが、メールを開けた瞬間すごく熱くて嫌な感じがしたのです。メールの中身はごく普通の仕事の話でしたが、

「今のは何だろう？」と思い、一度メールを閉じ、周りを見渡してからもう一度開けてみたら、また同じように嫌なエネルギーがワッと押し寄せる感じがあったのです。

さて、どうしたものかと考えていたら、すぐに次のメールが届きました。開けてみると今度はすごく攻撃的な文章でした。当時の私は「draw boundary」が上手ではなかったので、「こういうメールはやめてください」とハッキリ書いて返信したら、送信したほんの数秒後、バチンと音がして空気が揺れたのです。例えていうと、密閉度の高い車に乗り込んでドアを勢いよく閉めた時に、車内の空気が揺れるような感じです。

もしもその時、私も戦いの姿勢に転じていたら、事態はもっとひどいことになったでしょう。しかし私はその時、自分の身体の中に入り、身体のすみずみまで感じてグラウンディングを行いました。地面深くに根付かせるようにしてその攻撃的な荒れたエネルギーが過ぎ去るまでじっと耐え忍ぶことを選択したのです。

このように、サイキックアタックのエネルギーには、まずグラウンディングをして自分を守ること、そしてその嵐が過ぎ去るまでじっとして戦わないことが大切です。「私は悪くない」と思いそのエネルギーと戦う方向に自分を向けてしまうと、サイキックアタックの送り主とサイコパスなバウンダリーのやり取りをすることになるでしょう。

サイコパスの性質を強く持つ人は、子どもの頃、常に比較されて育っています。そのため「失敗した」「負けた」と感じる体験も多く、やがて、その時の屈辱感を感じることに耐えられなくなってきます。子どもの時に十分に感じられなかった感情は、筋肉の中に蓄積されていくため、日常生活の中で屈辱を感じる経験ばかりに目が行くようになります。そして自分自身も自動的に「失敗した」と感じる経験に向かう選択をするようになっていき、最終的に屈辱を感じるというパターンを形成していくのです。

それでも感情を感じられない場合には、相手から屈辱を感じさせられるような言動を取られたり、あるいは自分から屈辱を投げつけたりして、相手が悔しがったり屈辱に震えている状態を見て「屈辱とはこういうものなのか」と間接的に体験をしようとします。けれども、この試みが成功することは決してありません。自分の身体の中にあるものを、他者に感じさせることでリリースできるはずがないからです。

その結果、サイコパスの人は〝裏切られる〟という体験を通して、繰り返し屈辱感を感じるチャンスを得ようとします。もしも肉体レベルで屈辱を感じることができれば、次に誰かが自分に屈辱を感じさせようと近づいてきた時には、その人から自然に離れることができるようになります。なぜなら私たちは、一度体験したことはたやすく創り出せるからです。けれども、本当の意味で屈辱を感じることができなければ、いつまでも同じような体験を繰り返すことになります。

つまり、エネルギー的にバウンダリーを引くためには、自分がそのエネルギーを知覚する必要があり、さらに、そのエネルギーが何なのかを理解して初めて、エネルギー的バウンダリーを引くための条件が揃います。

感情をきちんと感じ、そのエネルギーを感じられるようになると、その瞬間に「屈辱以外の感覚を感じてもＯＫ」ということを自分に許可できるようになります。

「憎い」から「愛している」まで私たちの中には百万通りもの感情があるのですが、たったひとつを感じないようにしているだけで、それ以外の感覚や感情を感じられなくなってしまいます。感じないようにしている感覚や感情を持ち続けていると、何が起こるでしょうか？

目に見えない〝アストラルの存在〟が、その匂いにつられて寄ってくるのです。このことについて、詳しく見ていきましょう。

アストラルの存在と距離をおくために

〝アストラル〟という言葉は少し耳慣れない言葉かもしれませんね。アストラルとは、目には見えない存在の総称です。

私たちは、目に見える存在だけではなく、目には見えないさまざまな存在たちと共存していています。日本では昔から〝八百万の神〟という言葉があり、かつてはすべての存在と共存し、時に衝突しながら生きてきた例を、各地の伝承や古い書物の中に見ることができます。今でも私たちは折につけ神社や仏閣にお参りに行きますよね。気付かないだけで、今でもアストラルの存在と共存しているのです。

大事なことは、人間にも良い人と問題のある人がいるように、アストラルにも良き存在から悪しき存在までいるということです。高い次元のアストラルの存在は、〝祈り〟を何よりも好みますが、逆に、あらゆるレベルのアストラルの中でもとりわけ周波数の低い存在は、私たちが感じないようにしているネガティブな感覚や感情のエネルギーをご飯にしています。

つまりアストラルの存在は、自分たちの栄養のために、その感情を私たちがもっともっと感じるよう仕向けるのです。この構図を気持ち悪いと思わないでください。私たちは美味しいお肉を食べるため豚や牛にビールを飲ませたり美味しいご飯を食べさせたりして育て、その肉をいただきますが、

それと同じです。

では、ネガティブなアストラルの存在がくっついていることの何が問題なのでしょうか？

問題は、アストラルの存在がくっついていると、自分でも思わぬ行動を取ってしまい「なぜこんなことをしてしまったのだろう？」と思ったり、自分では何かしているつもりはないのに突然人生に苦難が降ってきたり、「なぜこんなことをされるのだろう？」ということが頻繁に起こりやすくなったりするということです。

そしてこれらは、どんなに除霊をしても、ヒーリングで浄化しクリアにしたとしても、あるいはセージを焚いて払ったとしても、根本的な解決にはなりません。あなたの身体の中に〝感じられない感情〟がブロックとしてホールドされ、そこにある限り、その匂いにつられて何度払っても繰り返しアストラルの存在は戻ってくるのです。

霊的バウンダリーの引き方

「霊的バウンダリーを引く」とは、なぜあなたが今ここにいるのか、なぜ生まれてきたのか、どうして自分にこんなことが起きるのか、それを理解するということです。

もしも人生に悲惨な出来事が起こったら、人は皆、なぜこんなことが起きるのか、どうして自分がこんな目に遭わなければいけなかったのか、一生を通してその疑問を持ち続けます。また、例えそれが子どもの頃の、「なぜお姉ちゃんは良くて、私はダメなんだろう」「なぜ男の子はOKだけど女の子はダメなんだろう」などといった些細な疑問であったとしても、その「なぜ」が分かるまで、私たちは人生に繰り返しその「なぜ」に関連する出来事を引き寄せては、その瞬間感じた「なぜ」の違和感を理解し溶かし納得しようとします。

例えば、自分の生きている意味、あるいは愛する人が死んでいく意味を、「仕方のないことだ」と精神的に納得させ、感情的な痛みが長い時間の果てになくなったとしても、その理由を見出したいと追い続けるのが人間です。

このように、出来事の霊的な意味を問うては求め、私たちは人生をさまよい、出来事に遭遇してはまた同じ問いを繰り返し浮かび上がらせ続けているのです。

例えば不注意運転などにより、子どもが事故死してしまうニュースなどがたまに報道されます。何の罪もない子どもの命が奪われる事故は、人々の記憶に残り続けることになります。以前、飲酒運転により、小さな子どもの命が複数名奪われるという痛ましい交通事故が起きましたが、その事件以降、日本での飲酒運転の状況がガラリと変わりました。それまでの日本は、「飲酒運転はダメ！」としながらも、事実的には車を運転して店に来店した人であっても、当たり前のようにお酒をすすめる風習が色濃く残っていたからです。

けれどもこの事件の後から、日本中が車を運転している人にお酒を勧めなくなりました。さらに、お酒が飲めないのに無理に飲まされて事故に遭ったり、急性アルコール中毒で運ばれてしまうといった事件の発生回数も劇的に減ったのです。

この事件を通して私たちは、〝飲酒運転〟というカテゴリーにおいて、きちんとバウンダリーが引けるようになったのです。失われた命は二度と戻ってきません。その痛みが消えることもありませんが、亡くなった小さな子どもたちは、この世で立派な偉業を成し遂げたと私は思うのです。

私たちは皆、自分自身の生きる意味を探しています。そしてなぜ自分の人生にこの出来事が起きるのか、そのより深い深遠な理由を知りたいと誰もが願っています。

自分の人生において、生きているうちにこの問いの答えが得られたなら、人生への深い理解、生まれてきた意味、生きる意味をはっきりと見出すことができるでしょう。

そして、霊的バウンダリーを理解し、明確に自と他を分けることができるようになった時にこそ、私たちは、自分の生まれてきた理由や、この世界で何を表現したいのか、その使命に気づくことができます。そして、その使命に自分を開いていけるのです。

バウンダリーを超えて成熟する

セラピストという、自分以外の他者のサポートをする仕事の中で、私たちはさまざまな問題や葛藤に出会います。そして誰もが、この問題を超えた時、自分自身の本当の使命に気がついていくのです。そしてそれは、〝人のお世話やサポートをすること〟という単純なものではありません。

私たち人間はみな、一人では生きていくことができません。そして、他者との関係の中で、自分自身は何者であるのかという学びを深めています。この時大事なことが、セラピストとしての〝ヒーラーシップ〟です。他者を助けたいという崇高な思いは、自分一人では決して超えることのできない壁を超えさせてくれ、気づいた時には思ってもみなかった高みに到達させてくれる後押しをしてくれます。

この歩みを一歩一歩進むことで、あらゆる外的問題は自らの内的葛藤に関係しているという事実を理解していきます。起きてくることに感情的に反応することで、その感情と関係する特定の出来事を磁石のように自分に引き寄せている、という事実を少しずつ理解しながら、そこにある意味を知り、そして自らの内にある、まだ自分の知らない領域を理解していくことで、私たちは人生の真の意味と目的を見つけ出していくのです。

生まれた理由や生きる目的を知ることは、有意義な努力の結果でもあります。そしてそれは、自分自身という一個の人間の発展へと向かう道において、重要なポイントにあなたの魂が到達したという証でもあります。ここに至って初めて、人は非常に高度な覚醒状態を維持しながら、意識と無意識とのバウンダリーを超えることができるのです。

自分という存在を真に理解することは、人生というこの旅路において大きな一歩を刻むことと同義です。そしてそれは、自分の内なる深い喜びとつながる唯一の道でもあるのです。


自分自身と向かい合い、感情を感じて浄化すること。幼少期の誤解に気づき、それを真実に置き換えること。子どもの頃は幼さゆえに理解できなかったことを認め、今ある現実の世界の中で、毎瞬毎瞬、自分の幸せのために喜びと幸せを選ぶよう行動していくこと。これらをただ続けることで、あなたの人生は自然と上向きになっていきます。

健康的なバウンダリーを引くことは、自分自身の喜びや幸せのみならず、周りの人の幸せにも間違いなく寄与します。なぜなら、すべての問題は自分の外側ではなく、自分の内側にあるからです。内側に目を向け、深いレベルで自分が変わっていくことで、外側の現実もまた変えていくことができるからです。

これまでさまざまな角度からバウンダリーについてお話ししてきました。では、バウンダリーを引く時に一番大切なことはどんなことだと思いますか？

それは、まずは自分とつながる＝グラウンディングするということです。そうすることで、徐々に関係性において、さまざまな相互作用を繊細に感じ取ることができるようになっていきます。グラウンディングしていないと自分自身の身体を感じることができませんが、それを感じることをせずに、「今、自分に何が起こっているのか」を理解することはできません。ゆえに、グラウンディングなしで健康的なバウンダリーを引くことは非常に難しいのです。

健康的なバウンダリーに取り組んでいくためには、繰り返し練習を重ね、さまざまなシーンで試していく必要があります。ここで、そのために非常に有効なバウンダリーのワークを三つご紹介します。ワークは初級編「バウンダリーを体感しよう」、中級編「権威者との間のバウンダリー」、上級編「親しい相手とのバウンダリー」を収録しています。

これらのワークは、初級編から順にクリアしていく必要があります。ぜひトライしてみてくださいね。

バウンダリーサポートアイテム

バウンダリーのために必要な「グラウンディング」をサポートしてくれる、おすすめアイテムを紹介します。

健康的なバウンダリーを引くためには、しっかりと大地を感じ、〝グラウンディング＝自分の身体を感じること〟をする必要があるとお伝えしました。

グラウンディングを行うと、自分が今どんな状態にいるのか、何が起こっているのかが分かるため、バウンダリーが不健康な状態になった時に違和感を感じることができます。この感覚を感じることによって、初めて私たちは自分の居心地の良いスペースを創造するために行動を選択することが可能となるのです。その時にサポートアイテムとしておすすめなのが、〝磁石〟です。

磁石は地球の磁場と引き合う性質があるため、磁石が強力であればあるほどより地球の磁場と引き合い、同化する力があります。ここで紹介するのは、特殊な工程によりあらゆる方向と引き合う磁石です。この磁石は、持つ人のグラウンディング力を助けてくれると私は感じています。実際、私もいつもこの磁石に助けられています。

また、磁石と合わせておすすめなのが〝テラヘルツ〟です。テラヘルツ波は人間も持つ周波数なのですが、年齢を重ねるとともに減少していき、最も多く出しているのは赤ちゃんだと言われています。ただ、テラヘルツの研究自体はまだ発展途上にあるため、明確な科学的データとしての数字が現れてはいません。ですので、私自身が感じている効果をここではお伝えします。

テラヘルツは、ある特定の磁場を一定の領域に作り出す作用があります。ゆえに、寝ている時に寝具の周りに置いたり、仕事の際に椅子の周りに配置したりすることで、自分のいる領域をテラヘルツ波に保つことができるようです。どんなメリットがあるのかというと、それによって、サイキックアタックを中和してくれます。サイキックアタックで悩んでいらっしゃる方は一度試してみる価値があるおすすめアイテムです。

ただ、テラヘルツの領域にいると、スキゾイドの性質が強い方や、グラウンディング力が弱い方などは、磁石とは逆で、身体から意識が抜けてしまいやすい傾向が非常に強くなるのも実体験として感じています。磁石との併用をおすすめするのはそのためです。

お使いになる場合、磁石は身体に近い所で持ってください。テラヘルツは部屋のあちこちや自分の周りにそっと配置しましょう。痛みのある場所や肩こりのある方は、その部分にテラヘルツを当てるのもおすすめです。肩こりなどには特に良いと感じています。テラヘルツによって保たれた、ある一定の周波数を磁石が放射線状に拡散していくイメージです。

この磁石は当協会では『グラウンディングストーン』という名称で扱っています。また、グラウンディングを助けてくれるアイテムとして他にもさまざまなものが出回っていますが、グランディングストーン以外で私が良いと感じるのは〝溶岩〟です。特にパワースポットや聖地と呼ばれるところの溶岩はグランディング効果が高いです！

テラヘルツについてはインターネットで検索してみていただくとたくさんの商品がヒットすると思います。磁石とテラヘルツ、ぜひお試しください。その際は、併用することをくれぐれも忘れないでくださいね！

バウンダリー Q&A

ここでは、実生活で感じる
バウンダリーの悩みに関する質問を紹介します。

Q1

電車に乗って、マナーが悪い人や優先席で席をゆずらない人がいるとと ても腹が立ちます。一言、何か言いたくなるのですが、これもバウンダリーの侵害なのでしょうか?(30代・主婦)

A はい、侵害です。電車などの優先席には、役割のバウンダリー、そして、本書では取り上げませんでしたがルールのバウンダリーがセットされています。ですので、優先的に座ることのできる人に該当しない人がその席に座ったまま席を譲ろうとしない場合、その人は、セットされたバウンダリーを守らないことでバウンダリーを侵害しているといえます。これは、優先席に限らず、公共交通機関等でマナーが悪い人全般にいえることです。

さらに、そのルールを守ってもらう役割を担った人、つまり電車の車掌や駅員ではなく、あなたがその人に何か注意したとするならば、それもまたバウンダリーの侵害にあたるでしょう。優先席を陣取り席を譲ろうとしない人に対しては多くの人が違和感を持ちますが、正当な役目にないあなたがそのことを注意したなら、相手はあなたに対して怒りをぶつけてきたり、逆恨みをされる恐れも出てきます。

ですので、そのような状況下であなたがバウンダリーを引く方法を探すとするならば、正当な役割を持つ車掌や駅員に伝えるのが一番スムーズだと私は思います。

Q2

母親からの介入が多くて困っています。もう子どもじゃないのに、色々と世話を焼かれパワーを奪われている感じがします。けれど、「NO」を言うと傷つけてしまうような気がして。どうしたら良いのでしょうか。(40代・会社員)

A 一般的に母親というものは、小さな頃から子どもに関わっているため、いくつになっても過干渉になる傾向があるのは否めません。もっとも望ましいのは、成長するにつれ、親との関係性の距離感を徐々に開けていく、お互いの間にスペースを持つようにしていくことです。

あなたがもう、自分のお世話は自分一人でできるくらい大人になっているならば、その都度あなたがバウンダリーを明確にし、自分ができることとサポートして欲しいことを明確に伝えてみてください。これを続けると、スムーズにバウンダリーを引くことができるようになっていきます。

「NO」を言うと傷つけてしまうように感じるのは、本書内でもお話ししましたが、幼いあなたの誤解によるものです。今はもう、例え見捨てられても一人で生きていける大人になっているにも関わらず、その瞬間あなたの内側の子どもの意識が自動的に反応してしまっているのです。母親に見捨てられ一人になること、嫌われることを恐れ、このまま何事もないように親のいうことに「YES」と言い、受け入れようとしているわけです。

自分は十分に成熟した大人になっているという「今、ここ」の真実、そして、健康的なバウンダリーを引くことは相手の成長をも促すことなのだと思い出して、勇気を持って愛あるバウンダリーを創造していってください。

Q3

旦那さんがキチンとしてくれません。どんなに言っても靴下など脱ぎっぱなし、家事は手伝ってくれません。相手の問題なのだと思うのですが、一緒に暮らしているのでイライラしてしまいます。何と伝えるのが良いのでしょうか？(20代・OL)

A お気持ちはすごくよく分かります。けれども、結論から言うと、旦那さんがきちんとしてくれることはないかもしれません。なぜならあなたは、自分のニーズを伝えるすべを持っていないのに、相手に自分の思い通りに動いて欲しいと考え、子どもの頃の家庭の中で言われていたやり方で彼を変えようとしているからです。

結婚というのは、まったく違う環境の中で育ってきた二人が共に暮らすことです。ゆえに、あなたの居心地の悪さは彼にとっての居心地の悪さとはイコールでないことを理解して受け入れましょう。その上で、諦めずに根気強く、共同生活をしていく上で相手の態度に対して自分がどんな気持ちになるのかを伝え続けていくのです。これが、あなた自身が自分のフラストレーションに対して自己責任を取るというやり方につながります。相手を変えようとせず、自分がどう感じているかにその都度立ち戻り、相手を操作しようとするのではなく、自分自身のために根気強く伝えるというスタンスが、健康的なバウンダリーを引いているということです。

Q4

子どもに介入し過ぎるか、ずっと放っておきたくなるか、どちらかを行ったり来たりしています。子どもとの距離感が分かりません。（30代・会社員）

A 質問者さんは、これまでに、人と人との間の一番心地良い感覚を体験していらっしゃらないのではないかと思います。

子どもの頃、親や兄弟姉妹との関係性の中で居心地の良い安らぎに満ちた感覚があったならば、それ以外の関係性においても同じ心地良い感覚を創り出すことができるでしょう。けれども、生育の過程で、放ったらかされたり干渉され過ぎたりといった触れ合い方しか体験していなければ、それ以外の関わり方を知らないがゆえに、心地良い関係性を構築することを難しく感じてしまうのです。

まず必要なことは、あなた自身が人といて心地良いという、今まで体験してこなかった感覚を取り入れていくことです。関係性における人との触れ合い方の基礎を一から学び直す気持ちで、他の人たちの関わり方を観察したり真似してみたりして、体験することから取り入れてみてくださいね。

Q5

時間を守ることが面倒で仕方ありません。遅刻ばかりしてしまいます。
（20代・学生）

A タイムバウンダリーに対する難しさを感じていらっしゃるのですね。社会生活を送る上で、タイムバウンダリーは重要なポイントの一つです。

時間が守れず遅刻ばかりするという現在の現象の下には、「時間に間に合わせなければ！」という切迫した思いと、「やっぱり間に合わなかった」というネガティブな感情が絡み合った子ども時代のトラウマがあるのかもしれません。

あなただけが遅れてしまうことが、他の人の時間を侵害しているということ。あなたが遅れることによって待ち合わせの相手に精神的・感情的な混乱を作り出してしまっていること。そこに気づいていますか？　あなたは、これらに対して何らかの形で責任を負う必要があります。時間を守れないということが、あなた一人の問題にとどまらず、まったく関係のない他人にも影響を及ぼしているということを、そしてそれは「自己責任を取る」という形でいずれあなた自身に戻ってくるということを知っておいてください。

Q6

ママ友という感覚がこわくて仕方ありません。絶対的な強制力を感じてしまいます。どうバウンダリーを引いたら良いでしょうか？（40代・主婦）

A もしもそのママ友と関係性を持たなくてもよいのなら、距離を置いてお付き合いすることによって、あなた自身の安らぎや心地良い感覚を保つことができます。けれども、学校行事などでどうしても関わらなければいけない領域が増えた場合、そこに役割やルールのバウンダリーをセットしてしてみてください。この時に、自分の感情や思考に対して「今、私はこう感じているのね」「今、私はこんなふうに思っているのね」と自分の内側で「私の感覚」を保ち続けるよう心がけてみてください。それはママ友との間に健康的なバウンダリーを引くことにつながります。

また、もしもママ友が集団で「決まりだから」「みんながやってるのだから」と迫ってきたら、まずはあなた自身の気持ちに照らし合わせてみてください。そして、バウンダリーを引くことによってあなたや子どもに何らかの不利益が降りかかるとしても、付き合いたくないのであれば、勇気を持って「NO」を伝えてください。何らかの不利益を避けるために関係性を築かなければならないのだとしたら、あなたの感覚が許す範囲内の距離を保てるよう、常に自分とコンタクトし続けてください。

自分自身の気持ちを決して裏切らない方向でお付き合いを続けることをおすすめします。

Q7

友達との間で、「理解しあえない」と感じることが多くてガッカリしてしまいます。ただ寄り添い合いたいだけなのにうまくいきません。「仲間なんだから!」と思うことも、バウンダリーを越える行為なのでしょうか?(30代・女性)

A まず、あなたがバウンダリーを超えて癒着しようとしていることに気づいてください。どんなに仲の良いお友達であっても、例えそれが家族であったとしても、私たちは、一人ひとりそれぞれが違う考えや違う価値観を持っています。そしてその違いゆえに、自分が人とどう違うのかを理解することが可能なのです。

「理解しあえない」ことにガッカリするというならば、理解し合えない相手とはずっと友達関係を続けることは難しくなります。また、ただ寄り添いたいというならば、たとえ意見が違っても価値観が違っても、そばに寄り添うことは可能ではないでしょうか。

理解し合えなければ寄り添えないと信じていることが、バウンダリーを超えて触れ合えない痛み・悲しみの中にご自身をとどまらせ続けているように感じます。ただ寄り添うということと理解しあうということはまったく別のことです。それを混同されているように思います。人と人は違いがあるからこそより大きな創造に開いていくことができます。一人ひとり違うからこそ素晴らしいのです。それを理解してください。

バウンダリー体感ワーク

〈バウンダリー体感ワーク〉

ワーク①初級編
バウンダリーを体感しよう

1．４～５ｍ程度の紐を使い、下図のような自分自身の空間を作る。

2．他人がその中に入ってきた時、どのような感じがするかを感じてみる。逆に自分が他人の領域に入って行った時にどんな感じがするのか、それも感じてみる。

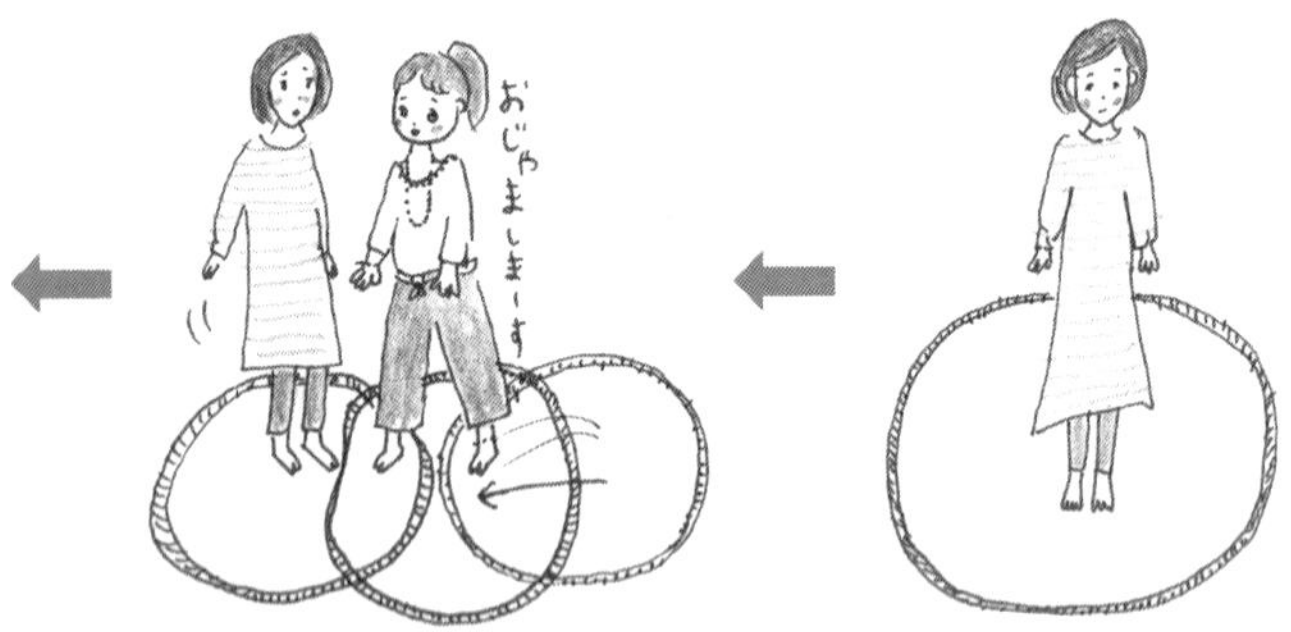

3. 相手の空間と自分の空間を重ね合わせてみる。自分と相手のバウンダリーがぐちゃっと混じり合っているとどんな感じがするのかを感じてみる。

4. 相手の空間と自分の空間との間に距離をとってみる。まったく触れ合いのない状態ではどんな感じがするのか感じてみる。

5. 隣の人と空間が交差したり、侵入しないまでも自分の領域に他者がぴったりとくっついていたらどのように感じるかを感じてみる。

6. 自分が、そしてお互いが一番安心・安全を感じるのはどういう時か、さまざまなバウンダリーのパターンを通じて体験し見つけてみる。

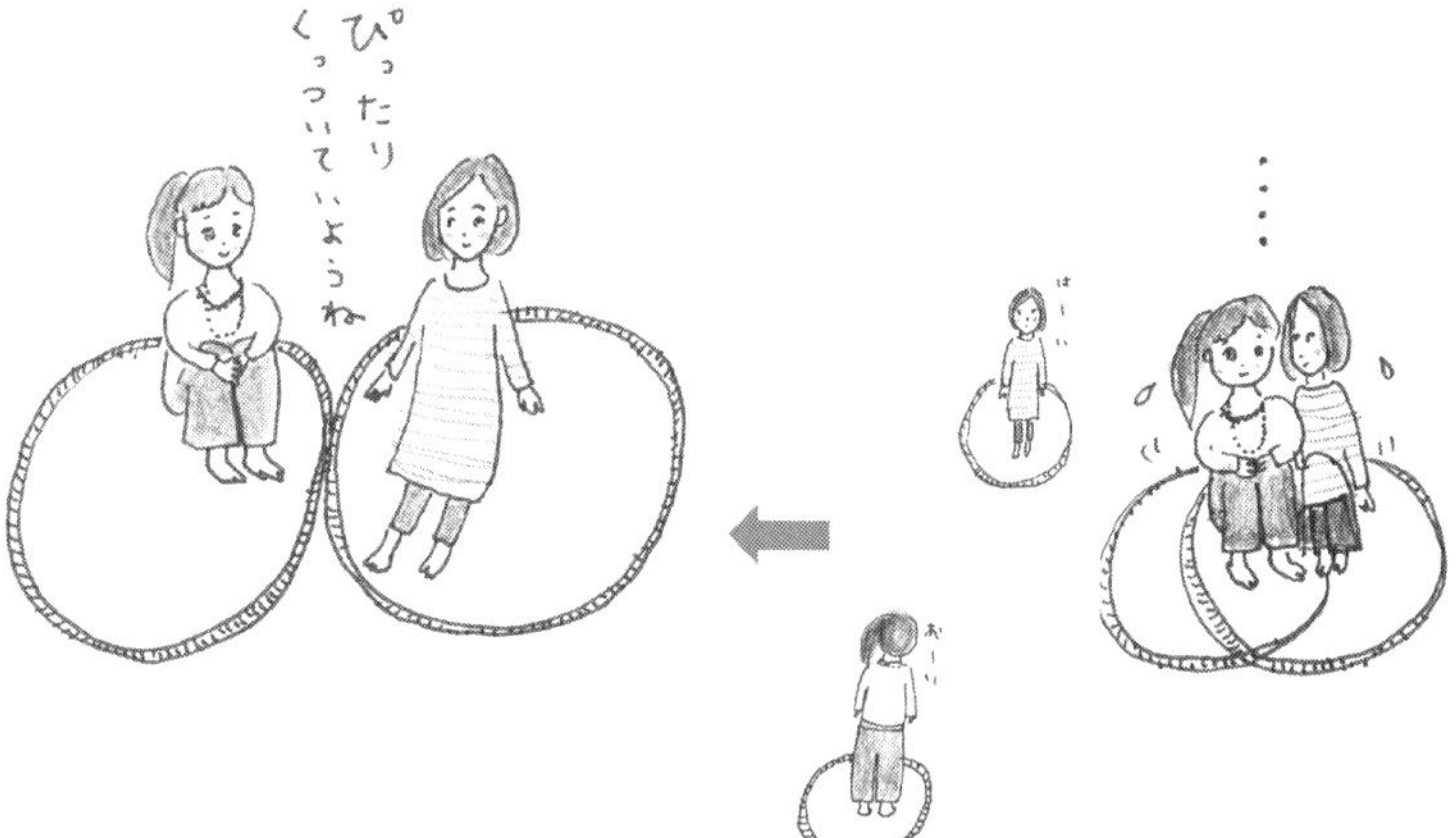

ワーク②中級編

権威者との間のバウンダリー

1．二人で向かい合い、権威者（親）役は椅子の上に立ち、子ども役を上から見下ろす。

2．子ども役の人は、子どもの頃、親から何と言われると萎縮してしまったかを思い出し、権威者役の人に、椅子の上に立った状態でそれを言ってもらう。例えば、「何やってるの！　早くしなさい！」など。そして、言われた瞬間どんなふうに感じ、身体がどんなふうに反応するかを観察する。

※これがまさに幼少期に身につけた〝権威〟に対する反応で、現在でも権威者との関係性の中で、常に無意識にこの反応が自分の内側で引き起こされているということです。

早くしなさい
どんな感じがするかな
権威者（親）役
子ども役

3．もう一度、権威者役は椅子の上から子ども役を見下ろす。子ども役は、権威者が上から自分を見下ろしていても、自分自身に軸を持ち、「私は悪くない」「私のボスは私」「子どもの時は親に対して何も言えなかったかもしれないけれど、今、自分はもう大人。自分の生き方は自分で決める。自分の人生の舵は自分が取る」と強く思う。

4．自分の内側で強く思うことができたら、椅子の上に立っている権威者役の人に静かに「NO」を言う。この時注意すべきは、〝懇願〟や〝要求〟のニュアンスをそこに入れないこと。

※相手が誰であれ、「そのような態度や振る舞いを自分に対して取ることをもう許さない」という強い意思を持ち、人生の主権を自分に取り戻すことが何よりも大切です。

ワーク③上級編
親しい相手とのバウンダリー

私たちは、他者との関係性において、目に見える形であれ見えない形であれ、さまざまな影響を常にお互いに与え合っています。そんな中で、相手がしつこくエネルギー的に侵入しようとしてきたり、あるいは粘着質に絡んできたりした場合、その相手が親や友人といった親しい間柄にあればあるほど、明確なバウンダリーを引くのは難しいものです。

このワークは、そのような場合、実際にどうすれば相手との間に明確なバウンダリーを引くことができるのかを体感的に学べます。初級、中級とワークを行い、バウンダリーを知覚できるようになったら試してみてくださいね。

1．グラウンディングし、相手が目の前にいてもいなくても、その関係性の中で自分が感じるネガティブな感情を肉体的に感じてみる。例えば身体のどこが硬くこわばっているか、どこに力が入らないかを感じてみる。

2．同時に、身体の中にどんな感覚が上がってくるかを感じる。怒り、嫌悪感、気持ち悪い感覚、ゾッとする感じなどネガティブな感覚など。

3．その状態で、視線だけを自分の周りにある、あなたの好奇心を引くものにふっと向けてみる。それが観葉植物であれ、お菓子であれ、動物であれ、好奇心を持って見ていくことで、あなたのバウンダリーと不健全に関わり合っていた相手のバウンダリーがスルリと外れる。

※このワークのポイントは、①グラウンディング、②身体でネガティブな感情をしっかり感じる、③今、現実に目の前にある自分の好奇心を引くものに視線や意識をずらすこと、の三つです。

あとがき

本書を書き終えた今思うことは、まさか自分が、このようなバウンダリーの専門書ともいうべき本を書くとは思わなかったということです。

自分を癒すこと、自分を癒し成熟させることにコミットメントして向かい合ってきた中で、バウンダリーという概念は常に頭のどこかをちらついていました。最初の頃は、「どうやって自分を癒したら良いのか？」と、「どうやって関係性を築いたら良いのか？」は、私の中で別々のものでした。バウンダリーへの理解が深まるにつれ、これらが連動していることに気がついたのです。

バウンダリーというものが人との関係性の中だけに存在すると思っていた頃、実は癒しはあまり進んでいなかったように思います。自分の内側でごちゃごちゃに融合し、誤解していた領域を一つひとつ整理整頓し癒していく作業が、実は内側のバウンダリーを明確にするプロセスであったことに気づいた時、私の中の〝健康になる〟〝自分を癒す〟という概念、意味合いがとても大きく広がりました。

例えばバウンダリーの概念を誤解している人は、体調を崩して治療に必要な薬を飲んだとしても、細胞レベルでその一番必要なものを受け入れようとしていない可能性があります。結局は病気も自分が作り出していると考えられるのです。

病気にもバウンダリーが関係していることに気づいた時も愕然としてしまいました。私は統合医療を行うクリニックで長年セラピストとして働いていますが、以前、オーラルの性質が強いクライアントのセッションを行っていたことがあります。その方は粘り強く長期に渡って闘病されていましたが、どんなに高額な薬を使ったとしても、治療の最後に必ず文句を並べるようなタイプの方でした。そして血液検査を行うと、治療に一番必要な成分が全部外に流れていってしまっていたのです。これは明らかに、「欲しいけどいらない」パターンを持つ、オーラルタイプの悲劇です。

本書の中でも繰り返しお伝えしてきた内側のバウンダリーの混乱が、外側の現実の問題として創り出されるという現実創造のシステムは、このように私のメディカルの仕事に関わるクライアントのケースを通して、実際に何度も経験し確信を深めてきました。

もうひとつ、あとがきを書いている今の今になって急にストンと腑に落ちたことがあったので、その話も紹介します。

ヒーリングの大学、ＢＢＳＨに通っていた頃のことです。四年生の時、卒業課題のひとつに、大勢の前でプレゼンテーションをするというものがありました。私は、アメリカの同時爆破テロと、ＰＴＳＤ＝心的外傷後ストレス障害についてのプレゼンを行おうと準備をしていましたが、プレゼンを予定していたまさにその時、クラスメイトから突然暴力を振るわれるという思わぬアクシデントが降りかかったのです。

このアクシデントは、まったくそうではなかったにも関わらず、男女間のもつれの果ての出来事であるとスクール側からも多くの生徒たちからも曲解され、まるで私が加害者であるかのように誤解されてしまいました。今思い出しても、私の内側、外側、すべてのバウンダリーがズタズタになった体験です。さらに私は先生から、「バウンダリーをみんなの前で引いてみなさい、それがあなたのケースプレゼンテーションです」と指示を受け、結局準備してきたプレゼンをすることはなく、全員の前で完璧にセットされたバウンダリーを披露してみせるというプレゼンに終わったのです。

「私は完璧にバウンダリーを引けているのに、なぜこんなことをしなければならないの？」とその時は感じていました。実際、私は完璧にバウンダリーを引けていました。けれども今思い返すと、「set boundary」はできていたけれど、結局、「draw boundary」ができていなかったために、突然の他者からの暴力的行為によってバウンダリーを踏みにじられるという体験につながったのだと思います。そして、だからこそ私はあの時、全員の前で卒業課題としてバウンダリーをテーマにワークを行うという体験をしたのだなという理解が入り、深い納得の感覚が訪れています。

日本では〝バウンダリー〟という言葉はもちろん、その概念も非常に耳新しく、今後どうやってこれを扱っていくべきか、どのように広まっていくのか、まだ分からない状態です。いわばバウンダリーの黎明期に、バウンダリーの専門書のような本を書かせていただけたことに、とても感謝をしています。

この本を企画してくださった編集担当の林亜沙美さん、そしてこのような本を世に出すことにゴーサインを出してくださった株式会社ＢＡＢジャパンさまに、最上級の敬意と心からの感謝を表したいと思います。本当にありがとうございました。

２０１９年11月　山本美穂子

著者・山本美穂子

一般社団法人HITキャラクトロジー®心理学協会代表理事。元NASAの研究者であるバーバラ・ブレナン女史のもとでヒーリング科学と代替療法を学び、東京を中心に心理カウンセラー、エナジェスティックヒーラーとして活躍。20,000回以上の個人セラピーと800回以上の登壇実績から、人格構造分析学を独自に日本人向けに特化した「キャラクトロジー心理学」を確立。また、統合医療の先駆けである名古屋の希望クリニックでガン・鬱・PTSD（トラウマ）を専門に扱うセラピストとして医療とヒーリングのコラボレーションを実現。各種心理学講座や感情を取り扱うメソッド、メンタルの誤解を紐解いていく「セルフアウェアネススキル（SAS）」や意図のレベルを癒し自分軸を取り戻す「セルフトランスフォーメーションスキル（STS）」など、次々と心を癒すメソッドを開発するヒーリングクリエイター。主宰するヒーラークラスの多くの卒業生がカウンセラーとして研修を積み、医療とヒーリングのコラボレーションを実践している。

キャラクトロジー心理学協会　https://characterogy.com
ハート イン タッチ　http://heartintouch.net

〈こちらからもキャラクトロジー診断ができます!〉

“あの人”との境界線の引き方
セラピストのためのバウンダリーの教科書

2019年11月7日　初版第1刷発行

著　者　　山本美穂子
発行者　　東口 敏郎
発行所　　株式会社BABジャパン
〒151-0073 東京都渋谷区笹塚1-30-11 4F・5F
TEL 03-3469-0135　　FAX 03-3469-0162
URL http://www.bab.co.jp　E-mail shop@bab.co.jp
印刷・製本　中央精版印刷株式会社

ISBN978-4-8142-0244-7 C2077

■ Illustration／Shinko Fujitaka（Cohaniwa）
■ Cover Design／Shoji Umemura
■ DTP Design／Shimako Ishikawa

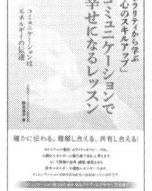

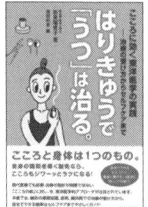

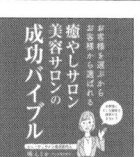

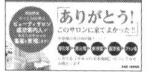

BOOK Collection

思いやりの言葉　やさしい指から愛を感じる

心にタッピング　EFT エネルギー療法

本書は、EFT の生みの親であるゲアリー·クレーグ氏の意思を受け継ぎ、日本を「ふるさと」と考える著者が日本人のために綴った EFT ガイドブックです。小学生が読んでもわかりやすい文章、具体的なフレーズと豊富な体験談を交え、優しく丁寧に導いていきます。

●ブレンダ·E·ダランパン 著　●四六判　●152頁　●本体1,600円+税

言葉ひとつでセラピーの効果が劇的に変わる!

悩みの 9 割は「言い換え」で消せる
発想転換ワークブック

脳の習慣をほんの少し書き換えるだけで人生は好転する!　この本で一生ものの対話スキルが身に付きます!!　日常の言葉を「伝わる」「効果的」な言葉にするために「発想を転換」しましょう。

●国際メンタルセラピスト協会 編／治面地順子 監修　●四六判　●224頁
●本体1,300円+税

一瞬で心を開く 魔法の会話術!
～女性のためのメンタリズム・コミュニケーション～

「誰でも好きになれる!　誰からも好かれる!」好意の返報性、裏返し効果、YES·AND 法、ラベリング術、希少性の原理、マッチングテクニック、非言語コミュニケーション、間接暗示…　女性メンタリストが明かす 30 の秘法!　人と接するのが面倒、引き籠もりがち、自分に自信がない…　そんな女性が一歩踏み出し、「転職」も「自立」も「自分に自信を持つこと」もすぐできる!

●岩槻まなみ 著　●四六判　●208頁　●本体1,400円+税

生きることがもっと心地よくなるQ&A

スピリチュアル Dr. に聞く! 人生相談の処方箋

占いやパワーストーンなどは役に立ちますか?　直感力を磨くにはどうしたらよいですか?　いつもタイミングを逃して貧乏くじを引いている気がします。…等々。人生の問題や悩み、スピリチュアルなことに対する疑問や質問……。そんな相談に、お医者さんでありヒプノセラピストの萩原優先生がお答えします。スピリチュアルな世界のしくみを知れば、生きることがもっと楽に、心地よくなります。

●萩原優 著　●四六判　●184頁　●本体1,500円+税

ドクター奥田の

セラピストのためのストレスケア入門

精神科医である著者が精神医学のストレスケア法とコーチングの自己実現法を融合させて作り上げた「セルフサポートコーチング法」を、分かりやすく紹介。これを基にセラピストが自分自身のストレスをケアし夢や目標の実現に向けて毎日を過ごすことで、クライアントを癒す力をアップできます。アロマセラピストほか、癒し業界で働く人必見です!

●奥田弘美 著　●四六判　●215頁　●本体1,600円+税

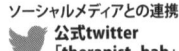